무의식과 잠재의식을 연구한 학자들

The Scholars of the Unconscious and the Subconscious

무의식과 잠재의식을 연구한 학자들

주광첸 著

이용욱 譯

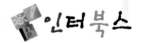

일러두기

1. 이 책은 저자가 1930년 4월 중국에 내놓은 『變態心理學派別』(開明書店)을 한국어로 옮긴 것이다.
2. '이상심리학 학파 구별'이 원제인 이 책은 여러 학자들의 무의식과 잠재의식 연구업적을 개괄한 데 의의가 있다고 판단, 『한국어판』 제목을 『무의식과 잠재의식을 연구한 학자들』로 하였다.
3. 저자는 이 책 저술에 앞서 정신분석학, 행동주의심리학, 형태심리학 등을 모두 연구한 바 있는데, 「프로이트의 무의식학설과 심리분석」(1921), 「행위주의심리학 개략 및 비평」(1921), 「맥두걸과 워슨이 행위주의파로 병렬될 수 있는가」(1923), 「형태심리학 개략 및 비평」(1926), 「행동주의」(1928) 등이다.
4. 『한국어판』은 편집을 하면서, 단행본을 『』, 논문을 「」, 간행물을 ◇에 넣었으며, 몇 개의 오기를 정정하였다. Cheoreul's Pendulum(원서 p.40) → Chevreul's Pendulum, homic view(원서 p.99) → hormic view 등이다.
5. 『한국어판』의 목차는 중국어판과 같으며, 저자의 몇 편의 글을 부록으로 붙였다.
6. 저자는 이 작품을 낸 뒤 연구 중점이 문예심리학, 비극심리학, 문예미학, 미학사 등에 두어져 있다.

한국어판 서문

중국에 출장차 갔다가 역자를 만났는데 역자가 내게 이 주광 첸의 『무의식과 잠재의식을 연구한 학자들』서문을 부탁하였다. 번역을 하게 된 이유에 대해 물으니 이 책이 여러 가지로 큰 의미를 지닌다고 하였다. 그 분야에 대해 일견이 없는 사람이 서문을 쓰려하니 주저되기가 이를 데 없다.

역자는 필자가 과거 가르쳤던 학생 중 하나로 아끼는 친구인데 내게 다음의 말을 하였다.

첫째, 중국을 공부하는 학생으로서 무의식이란 것에 큰 관심을 갖고 있다는 것이다.

둘째, 문사철을 비롯한 기초학문뿐 아니라 본인이 공부하는 중국 미디어학과도 큰 관련을 맺는다는 것이다.

셋째, 책을 번역하면서 '교육'이란 것에 큰 경이로움을 느꼈다는 것인데 이것이 '치료'란 것과 연관이 있다는 것이다.

내가 보기에, 그럴듯한 부분도 있지만, 많은 실천과 인식이 전제되어야 할 것으로 보인다.

이를테면, 무의식(프로이트 등은 무의식, 프랑스의 피에르 자네와 미국 모턴 프린스 등은 잠재의식으로 더 큰 의미를 나타내려했지만)이란 것의 원인이고, 그것과 의식과의 복합적 관계를 규명하는 일이다. 동서양 학문과 현실에 있어서의 그 의의이기도 하고 우리 사회 속에서의 그 의미이기도 하며 한중 관계와는 어떠한 연관이 있는지, 교육과는 또 어떤 가치를 지닐는지 넓은 이해가 뒤따라야할 것이다.

가령, 누군가 한 학생을 문화전문가로 교육하는데 본인은 문화이론가가 되려한다면 그에 있어 꿈은 억압된 것이거나 그 바람이 다른 어떤 힘의 영향을 받고 있다는 것일 게고 또 다른 꿈을 꾸고 있는 것이다. 역자는 내게 이를 무의식이라고 말한다. 그런데 또 그것은 몇몇 은사님들의 영향을 받아서 그러하다는 것이다.

이 책에서는 최면술학자 샤르코의 파리학파, 암시술학자 베른하임의 낭시학파, 자기암시술 보두엥의 신낭시학파, 프로이트주의, 미국 모턴 프린스 등으로부터 무의식과 잠재의식의 연구내원과 이들의 성과를 이야기하며 저자가 그것을 비평하는데, 암시의 작용, 리비도의 성질, 환경과 인간과 관계, 또 인간과 인간과의 관계, 인격의 분할 원인 등에 관해 떠올리게 하는 바가 적잖다. 어느 정도 우리가 존숭하고 아끼는 바가 대자연이든 부모님이든, 인간이든 연인이든 어떠한 공통적 정감을 불러일으킨다는 것일 게고 그 어려움이 있다면, 그 존숭과 사랑에 영향을 끼치는 또 다른 사유가 있다는 것일 게다.

이 책의 역자는 전문적으로 심리학 연구에 종사하지는 않지만, 관련분야에 대해 깊은 관심을 기울여왔기 때문에 이 책을 번역했다. 또한, 향후 중국연구에 종사하면서 학술과 교육 등 분야에서 깊은 노력을 기울여봐야 할 텐데, 그는 정신분석학설 나아가 광의적 무의식학에 진정한 관심이 있어, 주광첸의 이 책을 번역했다고 한다.

주광첸은 중국을 공부하는 우리에게 아직 아주 널리 알려진 학자는 아니지만, 문예심리학, 비극심리학, 문예비평, 미학사 등 방면에서 중국현대사의 굴곡을 함께하며 큰 업적을 낸 학인으로 앞으로 연구가 더욱 이뤄질 것이다. 그가 문학(즉, 글과 인간의 삶에 관한 학문이다)에서 큰 성취를 얻기에 앞서 심리학에서 이미 이같은 기반이 있었다는 데에 역자뿐 아니라, 필자도 함께 주의를 기울여 본다.

중국에서 넓은 범위의 '무의식'에 대한 관심은 1907년 왕궈웨이(王國維) 선생이 번역한 『심리학개론』(덴마크 철학자 해럴드 회프딩 저)의 출간으로부터였고, 신문화 운동을 거치며 문학계, 사상계 등에서 고루 큰 영향을 끼친 바 있었다. 우리에게 널리 알려진 문학가 루쉰(魯迅), 궈모뤄(郭沫若), 저우쭤런(周作人), 스저춘(施蟄存) 등 및 철학가 장둥쑨(張東蓀), 장쥔리(張君勱), 펑유란(馮友蘭) 등이 모두 무의식학설에 관해 저술을 통해 각별한 관심을 나타낸 바 있다. 1920년대 흥기한 중국 심리학계 역시 일정한 반응을 내었을 것이다.

무의식학설의 이론적 소개에 있어 중국 민국 시기의 공헌자로 철학가 장둥쑨을 우선 꼽을 수 있고, 주광첸, 가오줴푸(高覺敷), 장스자오(章士釗) 등도 지대한 공헌을 하였다.

필자가 알기로, 주광첸은 정신분석학에 관해 일찌감치 주의를 기울인 장둥쑨의 영향을 받았고 훗날 그 영향과 관심으로 유럽 유학을 떠난 뒤 이 책을 저술했다. 저자는 장 선생이 상하이 중국공학(中國公學)의 교장으로 있을 때 가오줴푸 소개를 받아 교사로 일하며 학지 편집 일을 추천받기도 하는 등 각별한 사이에 있었다. 한국어판이 함께 나올 장둥쑨의 『정신분석학 ABC』(1929)에 이은 이 주광첸의 『무의식과 잠재의식을 연구한 학자들』(1930)은 무의식 연구에 있어, 중국 민국시기 가장 대표적 작품 중 하나이다.

역자가 무의식 공부를 통해 중국을 연구하겠다고 하는데, 역자 본인이 앞으로 어떠한 성취가 있을는지 시간을 갖고 기다려볼 문제이다. 필자가 아꼈던 학생이 서문을 청하여 와서 그에 대해 짧게나마 독자분들께 이 책의 의의를 전해드리는 바이다. 저자가 큰 애정을 갖고 이 책을 저술한 데 더해, 역자가 못지않은 열정과 관심으로 이를 한국어로 옮긴 것이라면, 우리 역시 일독의 기쁨을 공유해볼 수 있는 것 아니겠는가?

광안리 바다를 보며
이종민

이종민(李琮敏, 1968~)은 현재 경성대학교 중국대학 교수이자 시인이다. 대표적인 저술로『근대 중국의 문학적 사유 읽기』,『한국과 중국, 오해와 편견을 넘어』,『글로벌 차이나』등이 있으며 시집으로『눈사람의 품』등이 있다. 중국전문잡지『중국의 창』편집인을 역임했다.

중국어판 서문

　본디 서문을 쓰는 재주가 없어 이제껏 누굴 대신해 서문을 쓴 적이 없었는데 이번에 룰이 깨지는 셈이다. 멍스(孟實) 선생이 『무의식과 잠재의식을 연구한 학자들』을 저술해 나를 찾아 서문을 부탁한 까닭이다. 그의 학문적 관심은 다방면이다. 문학, 철학, 심리학, 논리학에 모두 지대한 관심을 갖고 있고 문학 및 심리학이 특히 우선순위에 놓인다. 기억하기로 그는 영국 유학 첫 해 자신이 아주 주저하고 있다는 편지를 자주 보내왔다. "심리학을 그치고 문학을 전공할 것인가, 아니면 문학을 그치고 심리학을 전공할 것인가." 아리스토텔레스식의 학자는 현재는 불가능하니 멍스 선생은 다소 그치는 것이 부득이하다. 최근에 그는 문학을 취하고 심리학을 그치기로 했는데 이 책을 저술한 뒤 다신 심리학에 중점을 두지 않겠다고 한다. 그는 내가 그의 심리학 방면의 이른 시절의 친구라 여겨 그의 두터운 뜻을 받들어 이 책의 서문을 쓰게 된 것이다.

　멍스 선생은 비록 문학과 심리학을 오가는 학자라 할 수 있는 셈이지만 나라 사람들에 대한 그의 심리학적 공헌은 실로 '보통 전문가들'을 훨씬 뛰어넘는다. 예컨대 우리는 지금 프로이트를 모두 알고 있는데 프로이트의 학설을 소개한 이로 그가 첫째 축에 든다. 우리는 이미 행동주의심리학을 익히 알고 있는데 이를 소개한 것도 그가 첫 번째이다. 우리는 현재 쿠르트 코프카(K.Koffka)와 해리 할로(H.Harlow)를 누차 언급하고 있는데 형태심리학을 논평한 것 역시 그가 첫 번째이다. 독자들은 〈영국유학생학보〉, 〈동방잡지〉 및 기정간된 〈개조〉를 펼쳐 보면 멍스 선생의 심리학 방면의 노력을 확인할 수 있다.

내가 보기에 심리학은 현재 서로 다른 주장이 대립하고 있어 아직 결론이 쉽게 날 수 없는 학과이다. 각 학파의 학자들은 모두 타인의 주장을 공격할 이유가 아주 있지만 자신의 결점을 엄호할 이유는 누구에게도 없다. 이러한 까닭으로 인해 그는 심리학을 하면서 배회하고 의심했으며 태도를 표명하기 쉽지 않았다(〈동방잡지〉에 실린 그의 형태심리학에 대한 글을 참조할 수 있다). 또한 이 까닭으로 그는 심리학의 각 학파에 같은 비중의 관심을 기울였고 차별적으로 대하지 않았다. '전문가'로 행색을 하는 적잖은 학자들은 왕왕 일가지견에 밝고 타 학파의 설에는 어둡다. 따라서 멍스 선생의 치우침이 없는 태도가 전제됐기 때문에 『무의식과 잠재의식을 연구한 학자들』이 저술될 수 있었다고 할 수 있다. 이상 심리학의 각 학파에 대해 이 책은 대체적으로 남김없이 모두 열거했다고 할 수 있다. 설사 리버스(W.H.R.Rivers) 박사와 윌리엄 맥두걸(W.Mcdougall)이 빠져 있다 하더라도 모턴 프린스(M.Prince)가 있으면 그들의 대표가

될 수 있다.

적잖은 이들이 나를 심리학에 있어서 '레프트'라고들 하는데 나는 멍스 선생의 치우침 없는 태도에는 전적으로 찬성한다. 요 몇 년 들어 심리학의 각 학파에 관한 책을 쓰는 것으로 퍽 초학(初學)하고 싶었는데 창피하고 부끄럽기 그지없다. 다른 편집일로 바빠 지금까지도 펜을 쥐지 못했다. 멍스 선생의 책을 읽고 스스로 격려도 삼는다는 점을 이 서문으로 전한다.

1929년 5월 24일 가오줴푸(高覺敷)

가오줴푸(1896~1993)는 당시 상하이 상무인서관 철학교육부 주임편집이다. 저자 주광첸과 홍콩대학 교육학과 동창이다. 그는 정신분석학, 사회심리학, 위상심리학 및 중국심리학사상 등을 연구하는 데에 일생 정열을 쏟았다. 쓰촨대학, 푸단대학, 중산대학, 난징사범대학 등의 교육학, 심리학 교수를 역임했다. 프로이트의 미국 클라크대학 강연록 「정신분석의 기원과 발전」 (1909년) 중역문이 1925년 중국 〈교육잡지〉에 잇달아 게재됐다. 「프로이트를 말함」을 1928년 발표했다. 『정신분석입문(A General Introduction to Psychoanalysis)』, 『신 정신분석 강의(New Introduction Lectures on Psychoanalysis)』를 1930년, 1936년 번역해 출간했다. 초기 저작으로 『심리학 명가들의 전기』(1933), 『군중심리학』(1934), 『현대심리학』(1935) 등이 있다.

| 차례 |

13

제7장 융 · 149

제8장 아들러 · 175

제1장

들어가는 말

들어가는 말

　줄곧 전통심리학자들은 완전한 성인만을 연구의 대상으로 삼아왔고 성인의 심리에 대해서도 의식적 삶이라는 일부분에만 주의를 기울였다. 현대심리학의 최대 성취는 이러한 협소한 범위를 크게 확충시킨 데 있다.

　확충의 방향에는 두 가지가 있다. 하나는 '정신'을 떠나는 것이고 다른 하나는 '정신'을 향해 나아가는 것이다.

　전자로 인하여 심리학은 지금 이미 동물과 영아를 연구범위 내에 모두 포함시켰다. 예전에 유아 독존하던 성인심리학은 결국 하나의 부속물로 물러났고 의식적 삶 역시 그다지 중요하지 않은 것이 됐다. 이러한 운동의 선구자로 미국 발생주의 심리학자와 행동주의 심리학자를 들 수 있다. 행동주의의 대표자 존 워슨(John Watson)은 심지어 모든 '정신'이란 것을 완전히 떼어낸 뒤 자극-반응에 전적으로 주의를 기울였다. 자극-반응은 동물계의 보편현상이므로 객관적 과학의 방법으로 연구할 수 있는 것이다.

하지만 이와 더불어 현대심리학에는 '정신'을 향해 확충된 것도 있다. '정신'을 향한 확충이란 것은 심리학이 이미 무의식과 잠재의식을 의식보다 더욱 중요하게 본다는 것이다. 예전에는 '심리'와 '의식'이 대체로 상호 치환되는 동의어였다면 현재, 의식은 단지 '심리'의 일부분이고 결코 중요하지 않은 부분이다. 넓은 바다 속의 빙산과 마찬가지로 의식은 단지 수면 위의 일부분에 불과하고 대부분 물 위로 드러나지 않은 것이 무의식과 잠재의식이다. 현대심리학자는 마치 인어처럼 늘 바다의 심연 속으로 헤엄쳐 들어가 진주를 캐내길 좋아한다. 그들은 마음속 깊은 곳을 캐어보면서 마음의 원동력이 이성이 아닌 본능과 정감이라는 점을 발견했다. 이 새로운 발견은 18, 19세기 이성주의에 강렬한 타격을 가했다.

무의식과 잠재의식을 연구하는 심리학을 통상 '변태심리학' (Abnormal Psychology, 變態心理學)이라고 부른다. 엄격히 말해 이 단어는 정확하지 않은 것이다. 현대심리학적 관점으로 볼 때 모든 인간의 심리는 약간의 이른바 '이상'(異常) 성분을 지닌다. 예컨대 꿈을 꾸지 않는 이가 어디 있을까? 꿈이 바로 일종의 '이상'적 심리작용이다. 보통사람은 모두 최면의 암시를 받을 수 있고 최면의 암시 역시 '이상'적 심리작용이다. 우리가 통상

일컫는 '이상'은 실은 모두 '정상'인 것이다. 왜냐하면 '이상'은 잠재의식 혹은 무의식 작용이고 이 두 작용은 실로 마음의 커다란 부분을 점하고 있기 때문이다. 자네, 프로이트, 융, 프린스는 모든 심리작용을 이상심리학적 관점에서 전부 해석해 내는데, 그렇다면 이상심리학 외에는 이른바 '심리학'이 있을 수 없다는 이야기일까? 요컨대, '변태'라는 글자는 논리에 맞지 않는 것이다.

'변태'라는 단어는 대체 어떻게 쓰이기 시작한 것일까? 그것은 전통 심리학자들이 부여한 별칭이라 할 수 있다. 전통 심리학자들은 단지 의식현상만을 연구하므로, 의식으로 깨달을 수 없는 현상이 '변태'라 불린 것이다. 이는 자연히 정확하지 않다. 그렇다면 이 정확하지 않은 명사를 왜 중국어판에서 그대로 쓴 것일까? 첫째, 이 책에 소개된 학자들이 대부분은 이 명사를 감당하고 반박하지 않았으므로 과학계의 '변태'란 두 글자는 이들 대가들의 마음속에서 모두 상통하는 외연적 의미를 지닌다. 명사의 의미는 본래 축적을 통해 양성되는 것이다. 이미 습관이 된 뒤론 설사 엄격한 퇴고를 버티어낼 수 없다해도 우리가 편의상 그대로 쓰는 것은 무방하다. 둘째, 우리가 소개하는 학자들은 대부분 정신병 치료에서 일가를 이뤘으므로 소위 '정신병'은 자연히 정도 문제이며 극단적 예는 실로 '정상'과 구별된다.

이상심리 현상의 연구는 오래되었다. 아리스토텔레스는 『시학 (Poetics)』 속에서 비극의 효과를 논했고 일찍이 연민과 공포의 두 가지 정서가 발산으로 인해 정화(katharsis)될 수 있다고 했다. 그가 일컬은 '정화'와 프로이트의 '승화'는 아주 유사하다. 근대 독일철학가들에게도 프로이트 심리학설의 단서를 보아낼 수 있는데 라이프니츠(Leibniz)는 일찌감치 세계를 구성하는 원자(Monads)에는 감각이 있다고 했다. 원자의 등급에는 고저가 있고 그들의 감각하는 능력 역시 강약의 구별이 있다는 것인데 최고의 원자에만 '명각'(Clear Perception)이 있고 중등 원자에는 '혼각'(Confused Perception)이 있으며 저등은 단지 '미각'(Obscure Perception)만이 있는데서 비롯된다는 것이다. 소위 '미각'이 '무의식'이란 것에 가깝다. 쇼펜하우어(Schopenhauer)는 세계의 모든 사물이 의지의 지배를 받는다고 했다. 저등생물에게도 의지가 있지만 자신은 알아차릴 수 없다. '무의식' 역시 '스스로 깨달을 수 없는 의지'라고 할 수 있다. 니체(Nietzshe)는 인간의 근본충동은 '권력으로 향하는 의지'(the Will to Power)라고 여겼다. 융과 아들러의 학설은 모두 쇼펜하우어와 니체적 색채를 아주 띠는데 우리는 이 책을 다 읽은 뒤에 자연히 알게 된다. 뒷날 하르트만(Hartmann)은 쇼펜하우어의 학설을 심리학에 응용했는데 그 주장은 더욱 무의식 학설에 근접해있다. 예컨대 그는 "의식적 소망은 무의식적 목적에 의해 제어된다"(Conscious Willing Conditioned by Unconscious Purpose)고 했는데 프로이트와 대체로 같은 맥락이다.

우리는 이 책에서 현대 이상심리학의 주요 사조만을 소개하므로 고증학자들에게만 쓰일 법한 사료는 일괄적으로 생략한다. 게다가 우리의 관심은 과학적 연구에 편중돼 있어 철학 색채를 띤 심리학설 또한 많이 다루지 않는다.

개괄적으로 말해서 현대 이상심리학에는 두 가지 조류가 있다.

첫째는 프랑스에서 기원하며, '파리학파'와 '낭시학파'이다. '낭시학파'는 최근 들어 '신낭시학파'로 발전돼 명성을 얻고 있다. '파리학파' 중의 피에르 자네 역시 홀로 일파를 이룬다. 이들 학파의 학자들에겐 세 가지 중요한 공통점이 있다.

(1) 그들 모두 잠재의식 현상(The Subconscious)에 주의를 기울인다.

(2) 그들은 모두 '관념의 분리작용'(Dissociation of Ideas)으로 심리적 이상을 해석한다.

(3) 그들은 모두 최면 혹은 암시를 이상심리의 치료법으로 응용한다. 미국의 프린스는 프랑스 학파 사조의 영향을 받은 바 있으므로 이 세 가지를 모두 그의 학설에서 보아낼 수 있다.

둘째는 오스트리아 및 스위스에서 비롯됐다. 오스트리아의 '비엔나학파'라 부르는 이들로 프로이트를 정통으로 한다. 스위스에는 '취리히학파'가 있고 융을 정통으로 한다. 아들러는 프로이트에게서 공부했고 본래 '비엔나학파'의 실력자였는데, 동문친구들과 의견차이로 뒷날 떠나서 일가를 이뤘고 일반적으로 '개인심리학파'라 부른다. 이 몇몇 학파의 학자들은 대부분 잠재의식이 아닌 무의식(The Unconscious)에 주의를 기울였는데 모두 정신병의 근원은 관념의 분리가 아니라, 감정과 이성의 충돌에 있다고 여긴다. 그들 대부분은 암시와 최면을 버리고 '정신분석'을 이상심리의 치료법으로 응용한다.

이 양대 조류의 학파를 아래와 같이 나타낼 수 있다.

(1) 잠재의식에 주의를 기울인 학자들
　　파리학파-샤르코
　　낭시학파-베른하임
　　자네
　　신낭시학파-보두엥
　　영미학파-프린스

(2) 무의식에 주의를 기울인 학자들
　　비엔나학파-프로이트
　　취리히학파-융
　　개인심리학파-아들러

이 책에서는 순서대로 이들 학파 학설의 요점을 간략히 소개하고 이따금 비평을 덧붙인다.

제2장

파리학파와 낭시학파

파리학파와 낭시학파

현대 각 나라 중에서 이상심리를 연구하는 조류가 프랑스에서 가장 먼저 흥기했다. 프랑스 이상심리학은 19세기에 두 개의학파가 있었다. 하나는 파리의 라 살페트리에르 병원을 본부로해서 '살페트리에르학파'라 부르고 '파리학파'라고도 부르는데이 학파의 최고 지도자는 샤르코(J.M.Charcot)이다. 다른 하나는 낭시(Nancy)의 대학과 병원이 중심이고 '낭시학파'라 부르는데 최고 지도자는 베른하임(H.Bernheim)이다. 이 두 학파의 영향이 모두 매우 크다. 낭시학파는 뒷날 신낭시학파로 변하였는데 지금 한창 성행하고 있는 '자기암시' 요법이 이에서 비롯됐다. 파리학파의 샤르코는 두 청출어람한 제자를 가르쳤는데, 하나는 피에르 자네(P.Janet)로서 현대 프랑스 심리학계의 태두이고 다른 하나는 지그문트 프로이트(S.Freud)로 정신분석의 시조이다.

최면술

파리학파와 낭시학파는 서로를 적대시한다. 그들의 논쟁의 초점은 최면술이므로 최면술을 현대 이상심리학의 촉매라고 할 수 있다. 우선 최면술의 역사를 간략히 논해 보는 것이 좋겠다.

동물자기설

최면술(Hypnotism)은 동물자기설(Animal Magnetism)에서 배태돼 나온 것이다. 자기설의 시조는 18세기 오스트리아의 메스머(Mesmer)이고 따라서 메스머리즘(Mesmerism)이라고도 부른다. 메스머는 인체 내에 일종의 액체가 전신을 두루 흐르는데 그 기능이 자기(磁氣)와 퍽 유사하다고 믿었다. 인간의 건강은 바로 이러한 '동물자액'(The Fluid of Animal Magnetism)이 몸 전체 각 부위 속에서 평형을 유지하는데 의존한다는 것이다. 만약 신체 속의 어떤 부분에 함유된 자액이 지나치게 많거나 적을 경우 결과는 병을 불러온다. 동물자액은 임의로 제어할 수 있고 이곳에서 저곳으로 흐르게 할 수 있으므로 인체 속의 자액이 평형을 잃을 경우 자기술로 이곳의 과다한 자액을 저곳으로 옮기고 혹은 저곳에서 이곳으로 보내서 각 부위의 자액이 평형을 회복하도록 할 수 있다. 평형이 회복되면 병은 치유된다.

메스머는 파리에서 자기요법을 행하는 병원을 개업했는데 효과가 좋아 사업이 크게 번창했다. 그는 자기술이란 것을 어떻게 시행했을까? 병원에서는 검은 커튼으로 사방을 둘렀으며 아주 신비스러운 분위기였다. 실내 중앙엔 나무통을 하나 놓았고 통 속은 철사, 유리조각과 물로 채웠으며 통 덮개 위로 많은 구멍을 내고 그 구멍에 여러 개의 봉을 꽂아놓았다. 진료를 받는 환자들은 모두 나무통을 둘러싸고 서서 각기 봉을 꺼내 병이 있는 부위를 지시하였다. 모두들 소리 없이 조용했고 실내에는 처량하고 애절한 피아노 반주가 울려 퍼졌는데 종교의식을 거행하는 것과 흡사했다. 메스머는 짙은 남색의 긴 가운을 걸친 채 마술사가 쓰는 봉을 쥐고 환자들을 주시하면서 통 주위를 돌며 순서대로 봉을 환자들에 가져다대고 손으로 환자 신체를 여러 차례 주물렀다. 이러한 접촉을 통해 그는 자액이 환자의 몸 위로 통해질 수 있다고 여겼다. 환자들은 이 자기술을 받은 뒤 늘 혼수상태를 보이거나 미친 듯 웃었으며 웅얼웅얼 말을 내뱉거나 날뛰며 춤을 추기도 했다. 메스머는 이러한 혼수상태(실은 최면상태이다)를 건강의 관건단계(Salutary Crisis)라 불렀는데 많은 환자들이 스스로 발광을 거친 뒤 원래 있던 병이 흔적 없이 사라졌기 때문이다.

자기술에서 최면술로

자기술이 어떻게 뒷날 최면술이 된 것일까? 메스머의 제자

드 퓌세기르 후작(Marquis de Puységur)이 자기술을 시행하다
가 환자가 '건강의 관건단계'에 있을 때 아주 고요히 잠이 들어
깨워도 일어나지 않는 것을 발견하면서 부터이다. 얼마 지난 뒤
환자는 자연스레 일어 났는데 걸음새와 말하는 것이 평상시보
다 훨씬 민첩했지만 여전히 숙면상태에 놓여 있었다. 퓌세기르
는 이러한 상태를 몽유병(Somnambulism)이라고 불렀다. 환자
는 몽유 속에서 퓌세기르가 하는 말에 따르지 않는 것이 없었
다. 가령 퓌세기르가 그녀에게 즐겁다고 일러주면, 그녀는 자기
도 모르게 즐거워하면서 지금 파티 중이라며 상상된 좌객과 춤
을 추는 것이었다. 이 같은 경험을 그녀는 그 상태에서 깨어난
뒤로 완전히 잊었고 원래의 병 역시 얼음 녹듯 풀렸다. 이 일은
실로 최면과 암시의 가능성을 입증한 것인데, 다만 퓌세기르는
아직 이 두 개의 명사로 그것들을 부르진 않았다.

자기술이 성행한 뒤로 사회적으로 신기하게 여겨졌고 많은
이들이 또 이를 빌어 명의사칭과 공공기만을 행함으로써 과학
자들의 반감을 빚기 시작했다. 1840년 프랑스 학사원에선 자기
술을 엄금한다는 통령을 내렸고 한때를 풍미하던 이 만병통치
약에 대한 언급은 점차 학자들에게 금기가 되어 갔다.

브레이드의 독존관념

자기술은 비록 황당한 면이 있었지만 몽유병은 해석을 기다

려야 했다. 19세기 후반에 와서 최면술이 또다시 학자들에 자극을 불러일으켰다. 이 새로운 운동의 선구자는 영국인 브레이드(J.Braid)와 프랑스인 버트런드(A.Bertrand)였다. 그들로부터 자기기술이 정식으로 최면술로 변하였는데, 그들의 학설이 메스머의 그것과 다른 점은 무엇이었을까? 개괄적으로 말해서 메스머의 해석은 생리적인 것이고 브레이드와 버트런드의 해석은 심리적인 것이다. 매스머는 최면상태(즉 이른바 '건강의 관건단계')가 자기기술의 결과라 여겼지만 브레이드 등은 최면상태가 일종의 심리작용이라고 여겼다. 관념에는 모두 동작으로 변화하는 흐름이 있다. 육상경기를 보다 보면 다리가 자기도 모르게 움직이는 것이 증거랄 수 있다. 통상적으로 관념이 꼭 동작으로 변하지는 않는 것은 마음속에는 서로 충돌하는 다른 관념들이 있기 때문이다. 만약 주의력이 어느 한 관념에만 기울어져 있다면 이 관념은 늘 동작으로 실현된다. 그렇다면 어떠한 상황에서 주의력은 비로소 관념에 집중될 수 있는 것일까? 최면상태가 바로 이러한 상황 중 하나이다. 그래서 브레이드는 최면상태는 주의의 과도(Excess of Attention)로 인한 결과라고 말했다. 이 학설은 통상 독존관념(Monoideism)이라 부른다. 최면을 해석하는 많은 현대학설은 모두 '독존관념'을 변형시킨 것이라 할 수 있다.

브레이드는 최면술 역사상 가장 중요한 인물이다. 그래서 최면술을 '브레이디즘'(Braidism)이라 부르기도 한다. 그는 최면을 행할 때 최면자가 유리병의 꼭대기만을 주시하도록 했다. 최면의 임무가 주의 집중에 있는 것이므로 메스머의 봉이란 것은 꼭 필요가 없으며 자기술 역시 황당한 것임을 증명한 것이다. 브레이드는 또 자기암시술의 선구자이기도 한데, 그는 근육통증으로 3일 연속 잠을 청하지 못한 환자에 암시술을 시행했는데, 최면상태에 들어간 뒤 9분 만에 깨어나면서 쾌유됐다.

리보

브레이드 이후 최면술 역사상 중요한 인물은 낭시병원의 의사 리보(A.A.Liébault)이다. 그는 낭시학파의 선구자로 처음으로 최면을 치료술로 응용한 사람이었다. 그의 방법은 아주 간단했는데 먼저 환자를 최면시킨 뒤 큰 소리로 그를 부르며 그가 앓고 있던 병이 쾌유됐다고 말하는 것이었다. '쾌유'라는 하나의 관념이 환자의 심리에 암시를 부여하면 그가 깨어날 때 은연중에 이 관념의 영향을 받아 병이 없어지는 것이었다. 리보는 관념이 건강에 영향을 끼치는데 정신병만이 그러한 것이 아니며 즉 기관병 역시 그러하다고 믿었다. 그래서 그는 폐병, 뇌질환, 풍, 치통 등의 질병이 모두 암시로 치유될 수 있다고 여겼다. 이것이 낭시학파의 기본신조이고 뒷날 베른하임 학설은 리보의 치료법에 근거하며, 신낭시학파의 자기암시 역시 최면치료법의 변형이다.

낭시학파와 파리학파의 논쟁

낭시학파 학자들은 최면을 연구하면서 그 심리적 방면에 주의를 기울였으며 최면상태 속의 생리적 변화에는 주의를 기울이지 않았다. 파리학파 학자들의 연구방법은 이와 정반대로 그들은 최면상태 속의 생리적 변화에 주목하면서 이는 찾아낼 수 있는 흔적이 있는 것이라 여겼다. 기계적 심리적 반복이 갈피를 잡을 수 없는 것과 다르다는 것이었다. 이러한 태도를 가장 또렷하게 견지한 이로 샤르코를 들 수 있다. 샤르코와 베른하임은 동시대 사람인데 그들은 사용한 방법이 달랐고 얻어낸 결과도 달랐으므로 그 둘의 학설은 상호 충돌하였다. 이 두 파의 논쟁은 아주 장기적이었지만, 논쟁의 요점은 두 가지에 다름 아니다.

(1) 파리학파 학자들은 모두 살 페트리에르 병원의 정신병 의사였고 평상시 최면에 응한 이들은 모두 정신병 환자였으므로 그들은 최면상태를 일종의 정신질병으로 간주하면서 정신병을 앓는 이들만이 최면상태에 놓일 수 있다고 여겼다. 반면 낭시학파는 최면으로 인한 수면이 일상의 자발적 수면과 다르지 않다고 믿었다. 그들은 그들이 최면을 시도한 이들 중 90% 이상이 최면에 걸렸는데 이들이 정신병을 꼭 앓고 있지는 않다는 점을 발견했다.

(2) 파리학파는 최면상태를 정신병으로 봤으므로 몇 가지 생리적 변화를 지적하면서 그것을 최면을 불러일으킨 특수한 질

병의 내원으로 간주했다. 샤르코는 최면에 세 가지 상태가 있는 데 각각의 상태는 갖가지 그 특징을 지닌다고 했다. 첫째, 혼수 상태(Lethargic State)로 그 특징은 사지의 긴장이 풀리고 오관이 마비되며 근육만이 과잉민감성(Hyper Excitability)을 나타내는 것으로 예컨대 왼쪽 손목 근육에 가벼이 손을 갖다 대면 왼쪽 손목이 쉬지 않고 떨리는데 이러한 떨림은 왼쪽 손목에서 왼쪽 팔꿈치로 전해지고 다시 왼쪽 팔꿈치에서 오른쪽 팔꿈치로 옮겨지는 것이다. 둘째, 강직상태(Cataleptic State)로 그 특징은 근육의 과잉민감성이 결핍해 환자의 기체가 완전히 최면자의 제어를 받는 것인데, 예컨대 그의 손을 들면 그가 계속해서 들고 있고 그의 눈꺼풀을 열면 그가 눈을 감지 않는 것이다. 셋째는 몽유적 상태(Somnambulistic State)로 그 특징은 예민한 암시감수성이며 최면자가 어떤 명령을 내리면 피최면자가 완전히 그에 따르는 것이다. 샤르코는 이 세 가지 상태를 모두 지닌 것을 '거대 최면상태'(La Grande Hypnotism)라고 불렀다. 가장 이상한 것은 이 세 가지 상태가 모두 손놀림으로 그것들을 가능하게끔 할 수 있었다는 것이다. 예컨대 첫 번째 상태를 불러오고자 할 경우 눈꺼풀을 살짝 닫으면 됐고 두 번째 상태를 불러내려 할 경우 눈꺼풀을 열면 됐으며 세 번째 상태를 불러내고자 할 경우 가볍게 머리 위를 누르면 됐던 것이다. 요컨대, 파리학파는 최면 상태를 질병으로 간주하였는데, 정신병자가 많았고 암시작용이란 것을 보아내진 못했기 때문이다. 낭시학파는 이를 강하게 반대했다. 그들이 보기에 모든 최면은 꼭 이러한 세 가지 상태뿐이 아니며 이 세 가지 상태에 있다고 해도 그것은 완전히 암시로 인한 것이지, 정신병과 무관하고 특히 손놀림으로 인한 결과가 아니라는 것이었다. 샤르코가 최면을 건 사람들은 모두 정신병을 앓고 있던 이들이고 그들은 평상시 같은 병원 환자들이 보이는 반응에 익숙했으므로 은연중에 아주 깊은 암시를 받아 의사가 손으로 눈을 매만질 때 환자에 예정대로 일찍이 봐왔던 혼수상태가 발생한 것이고 손으로 머리 위를 누를 때도 예정대로 환자에 몽유병 상태가 발생한 것이라고 주장했다. 요컨대, 샤르코에게서 최면을 받은 이들은 모두 최면 연습을 받은 것이었으므로 그의 실험결과는 단지 최면의 요소가 암시라는 점을 증명한 것이지 최면이 질병상태임을 증명할 수는 없다는 것이었다.

파리학파와 낭시학파의 논쟁은 퍽 오래 갔다. 그들은 대체 누가 맞고 누가 틀린 것일까? 현대 학자들은 대부분 낭시학파의 주장에 찬성하는데, 단지 자네만이 샤르코를 좇아 최면이 일종의 정신병 상태라고 믿었다.

베른하임의 학설

암시는 최면의 요소이다. 그것은 일종의 심리작용이고 병리와는 무관하며 유도된 최면과 자발적 수면은 근본적으로 완전히 다른 것이 아니다. 최면 중의 암시는 감수력이 특히 강하므로 관념이 즉시 동작으로 실현된다. 이 몇 가지는 낭시학파의 기본적 신조이고 이러한 신조에 근거한 실험 결과가 바로 베른하임의 『암시치료술(Suggestive Therapeutics)』이란 책인데 최면술을 논한 저작 중에서 가장 흥미로워 지금 그 요지를 간략히 서술해 본다.

베른하임의 치료법

베른하임이 사용한 방법은 지극히 간단하다. 그는 우선 최면을 받는 이들에게 최면의 원리 및 기능을 설명하고 최면에 치료 기능이 있긴 하지만 평상시의 수면과 다를 바 없고 신비한 법술이 아니라는 점을 일러줬다. 이따금 필요할 때는 최면을 받는 이들 앞에서 다른 이에 최면을 거는 모습을 보여줌으로써 최면에 근심과 두려움이 생기지 않게 했다. 최면을 받는 이들은 보는 데에 익숙해졌고 그리하여 베른하임은 그들에게 이렇게 말하곤 했다. "나를 보라! 당신 아무 것도 생각할 필요 없이 잠잘 생각만을 하라. 눈꺼풀이 무거워졌다는 생각이 들면 눈이 피곤해진 것이다. 지금 하품을 했는데 눈이 아른아른해 졌을 것이다. 이미 눈이 잘 보이지 않을 것이다." 진료를 받는 다수 사람들은 이 몇 구절의 암시를 받은 뒤 즉각 잠들었고 잠들지 않을 경우 베른하임은 앞의 말을 반복하면서 제스처를 취하기도 했다. 혹은 암시를 마치기 전에 잠자는 것이 최면의 성공비결이라 믿으라고 명령조로 말하기도 했다. 최면을 받는 이들은 최면을 받을 결심이 필요했고 모든 심신을 최면자에 의탁해야 했으며 모든 명령에 복종해야 했다. 최면 받는 이에게 이러한 결심과 신앙이 있을 경우 십중팔구는 약간의 암시를 받은 뒤 잠이 들었다. 이따금 첫 번째 최면에 효과가 없으면 두 번째, 다시 세 번째 뒤로 암시 감수력은 차츰 커져 갔다. 최면 걸린 이를 깨우는데도 암시를 사용했는데 이를테면 "끝났다! 깨어나라"였다. 지나치게 깊이 잠든 이들은 깨어나기 어려웠는데 통상 최면자가 냉수를 얼굴에 바르기도 했고 베른하임은 늘 눈꺼풀을 입으로 부는 방법을 썼다.

최면의 정의

베른하임은 100명 중에서 95명이 최면에 걸릴 수 있었는데 다만 최면의 정도가 사람에 따라 다르다는 점을 발견했다. 어떤 이들은 얕은 잠에 들었고 암시 감수성은 있었지만 의식기억은 여전히 일상을 유지한다고 느꼈다. 어떤 이들은 깊은 잠에 들었고 사지와 오관이 모두 마비됐는데 마치 오토머신처럼 모든 것을 최면자의 지시에 따랐다. 어떤 이들은 깊은 몽유상태에 빠져들었는데, 수면 중에 암시가 효능이 있었을 뿐 아니라 수면 중에 받은 암시가 깨어난 뒤 동작으로 실현될 수도 있었다. 어떤 이들은 잠에 들 필요 없이 매우 강한 암시 감수성을 나타냈다. 최면술(Hypnotism)의 정의는 통상적으로 '잠을 재촉하는 것' (Induced Sleep)이다. 그래서 한자로 '최면'(催眠)이라 한다. 베른하임은 잠에 들지 않은 이도 암시를 받을 수 있으므로 위의 정의가 너무 협소하다고 여겼다. 그가 최면에 내린 정의는 "암시 감수성을 증가시키는 특수한 심리 정황의 유발"(The Induction of a Peculiar Psychological Condition which Increases the Perceptibility to Suggestion)이었다. 그는 흥미로운 많은 실례를 들어 이 정의를 증명했다.

암시로 인한 최면의 실례

가장 평범한 예는 마비를 일으키는 암시이다. 베른하임은 최면을 받는 이들에게 "당신은 이미 아무런 감각이 없어졌다. 당신의 몸 전체가 이미 마비됐다. 내가 당신을 자극해도 당신은 느껴지지 않는다. 내가 암모니아 냄새를 맡게 해도 당신은 맡을 수가 없다"고 말하곤 했다. 이 암시를 받은 뒤 그는 과연 몸 전체가 마비됐다.

암시는 언어를 쓸 수도 있었고 동작을 사용할 수도 있었다. 최면자의 일거수일투족을 최면을 받은 이들은 늘 자기로 모르게 모방했다. 예컨대 최면자가 손을 내밀면 최면 받는 이도 역시 손을 내밀었다. 최면자가 발로 바닥을 차면 최면 받는 이도 바닥을 찼다. 가장 이상한 것은 최면 받는 이가 이따금 최면자의 동작을 보지 못했는데도 따라하는 것이었다. 예컨대 최면 받는 이의 뒤에서 읍을 하면 그 역시 따라서 읍을 했다. 베른하임은 이것이 신기한 것은 아니라고 여겼는데 최면을 받을 때 감각은 늘 비상하게 예민해서 보지 못한 것 역시 어쩌면 귀로 들어낼 수 있었기 때문이다. 그가 최면 받는 이 뒤에서 아무 소리 없이 동작을 하면 최면 받는 이는 결코 그를 모방하지 못했다. 베른하임은 자기술 학자들이 이 이치를 알지 못하고 오인했다고 여겼다. 자기술 학자들은 늘 자석을 마비증을 전이(Transfer)시키는 데에 사용했다. 예컨대 상체 마비를 앓고 있으면 자석으로 하체로 전이시키고 왼쪽에 마비를 앓고 있으면 자석으로 오른쪽으로 전이시킬 수 있었다. 그들은 환자 몸속의 자액이 의사의 손이나 봉 혹은 자석을 따라 전이될 수 있다고 여긴 것인데 사실이는 위의 동작 모방과 같은 이치이고 모두 암시의 결과였다.

　최면상태 속에서 피최면자들은 암시의 영향으로 인해 갖가지 환각(Hallucination)이 생겨날 수 있었다. 베른하임은 S에게 "당신은 깨어난 뒤 당신의 침대 앞에 가면 한 여성이 당신에게 매실 바구니를 건네줄 것이다. 당신은 받아 쥐고 악수를 나누고 감사를 표한 뒤 그것들을 먹는다"고 암시하며 말했다. 반시간 뒤 그는 깨어난 뒤 과연 침대 앞에 가서 허공에 대고 "아주머니, 안녕하세요. 감사해요!"라 말한 뒤 악수하는 동작을 했다. 그 뒤 아주머니가 떠난 듯하자 그는 그 빛깔 좋은 환각적 과일을 먹으려고 손과 입을 문지르고 바구니를 드는 듯 내리는 듯 하는 것이 마치 그 일이 있던 것과 같았다.

많은 질병은 모두 암시를 사용해서 치료할 수 있는데 베른하임이 많은 실례를 든 적 있다. 지금 그 중 한 가지를 설명해본다. 어느 아이가 근육통을 앓고 있어 팔을 위로 올릴 수 없었다. 베른하임은 그에게 "눈을 감고 잠을 자거라, 아이야. 넌 이미 잠이 들었다. 내가 깨울 때까지 아주 편히 잠 자거라. 깊이 잠에 들어 있고 너는 아주 상쾌하다는 생각이다. 몸 전체가 모두 잠에 들었고 너는 움직이면 안 된다"고 암시했다. 아이가 이로 인해 최면에 걸린 뒤 베른하임은 근육통을 앓는 팔을 위로 올렸으며 손으로 누르면서 "통증이 이미 없어졌으니 어디가 아프다는 생각을 말거라. 팔뚝을 들어도 아프단 생각이 들지 않을 거다. 깨어난 뒤 다시는 아프다는 생각 말아라. 아픔은 다시는 없다"고 말했다. 그는 이에 계속해서 또 다른 감각으로 아픈 감각을 대체시켜 "넌 팔뚝이 좀 뜨겁단 느낌이다. 열이 차츰 증가한다. 하지만 아픔은 없어졌다"고 암시했다. 수 분 뒤 그는 깨어나서 최면에 대해 완전히 잊었고 근육은 다신 아프지 않았으며 팔 역시 위로 올릴 수 있었다.

암시한 관념이 어떻게 동작으로 변화하나

위에서 든 많은 예는 암시가 최면의 요소라는 점을 충분히 입증한다. 그렇다면 암시한 관념은 어떻게 동작으로 변화하는 것일까? 바꿔 말해, 관념 암시에서 관념 실현까지 그 사이의 심리 변화는 어떠한 것일까?

관념운동(Ideomotor)적 활동

베른하임이 보기에 이상심리와 정상심리는 실은 동일 원리에 의해 관할되며 암시의 반응은 모두 자동기계적(Automatic)이다. 소위 자동기계적 동작은 모두 일촉즉발이고 의식의 지배를 받지 않는다. 이러한 자동기계적 동작은 정상심리 속에서도 지극히 평범한 것이다. 호흡, 순환, 영양섭취 등등 반사적 움직임과 보행, 수영, 식사 등등에서의 습관적 움직임, 희(喜), 로(怒), 애(愛), 증(憎) 등등 본능적 움직임이 모두 자기도 모르게 그렇게 되는 것이고 모두 자동기계적이다. 우리들은 어릴 적에는 뇌속 신경세포가 아직 덜 발달돼 의식이 어둑하고 의지는 더욱 아직 싹을 띄우지 못하지만 젖 먹기, 물건 쥐기, 울음 터뜨리기 등등 행동이 모두 자동기계적이다. 해가 흐르면서 차츰 성장해서 의식은 점차 개발되지만 우리 인간은 여전히 교육과 습속의 영향을 받고 의식작용으로 자발적 경향을 제어한다. 예컨대 원수를 만나면 첫 번째 생각은 그를 능욕해야한다는 것이고 조금 반성을 하다보면 곧 예법 관념의 제지를 받는다. 다른 예로 담장 구멍으로 바람소리가 들려오는데 홀연 누군가 훌쩍이고 있다는 의심이 들지만 의식작용으로 검사를 하다보면 이것이 환각이란 점을 아는 것이다. 하지만 의식작용은 늘 자발적 경향의 뒤에 나타난다. 예컨대 누군가가 말을 하면 자발적 경향은 믿는 것이므로 어린아이들은 비교적 쉽게 다른 사람이 일러준 말을 믿는다. 의식작용은 자발적 경향에 대해 검사를 덧붙이고 교정을 하며 그다음에 비로소 의심이나 부정이 있게 된다. 믿음이 의심의 앞에 놓인다는 점을 하나의 간략한 예로 증명해 보자. 예컨대 누군가에게 홀연 "당신 이마 위에 모기 한 마리가 있다"고 하면 그는 즉각 손을 갖다 댄다. 이것은 일상적 경험인데 암시나 최면도 같은 이치이다. 암시와 최면 역시 충동적 신앙이고 충동적 반응이다. 우리 인간은 보고 들은 것에 대해 믿는 것이 자발적 경향이므로 하나의 암시적 관념과 조우하면 즉각 용납하고 용납 뒤엔 곧장 그것으로 하여금 동작으로 실현되게 한다. 예컨대 옆 사람이 몸을 긁는 것을 보면 자신의 피부 역시 매우 가렵다는 느낌이 들고 신나는 음악을 들으면 다리가 춤을 추는 것 마냥 움직여진다. 마음에 관념이 생기면 즉시 동작으로 변하는데 이러한 동작을 통상적으로 '관념운동적 활동'(Ideo-Motor Activity)이라고 부른다. 암시와 최면 반응이 바로 '관념운동적 활동'이다. 이러한 활동 속에서 관념은 일종의 역량이 되어 그것이 동작으로 변하도록 압박한다. 베른하임은 손목시계를 손에 쥔 채 이마에 가져다대면 시계초침이 관념과 함께 이동한다는 점을 발견했다. 마음속의 생각이 그것을 좌우했든 그것이 마음속의 생각을 좌우했든 말이다.

지금 우리는 다시 원래의 문제로 되돌아간다. 최면 속에서 암시한 관념은 어떻게 동작으로 직접 변화할 수 있었는가이다. 위에서 말한 이치로 보면 결론은 아래와 같아 보인다:

최면상태 속에서 의식작용은 존재하지 않았거나 암시한 관념은 상호 충돌하는 다른 관념의 제지를 받지 않았으므로 본래의 그 자발적 경향이 직접 자동기계적 동작으로 변화했던 것이다.

최면상태 속에 의식은 존재하는가

이러한 관점은 데스핀(P.Despine)의 주장이기도 하다. 하지만 베른하임은 그렇게 여기지 않았다. 최면상태 속에서 의식작용은 결코 완전히 소실되지 않는다는 것이다. 베른하임은 늘 최면 받는 이들의 손가락을 콧날 위에 올려놓고 "당신은 그것을 가질 수 없다"고 암시를 줬고 최면 받는 이는 그것을 애써 가지려 하지만 그것은 불가능했다. 이로부터 그는 최면을 받는 이들이 의지를 나타낼 수 있다는 점을 알 수 있었다. 최면의 정도가 깊을 때는 깨어나서 수면 중의 일을 기억하지 못하지만 "당신은 깨어난 뒤 모든 경과에 대해 기억해야 한다"와 같은 암시를 부여하면 최면 받는 이는 깨어난 뒤 수면 속의 경과를 한 글자도 빠짐없이 묘사할 수 있었다. 이 같은 사실은 암시를 받을 때 의식작용이 여전히 존재한다는 점을 충분히 입증한다. 그렇다면 최면상태 속에서 의식작용은 왜 평상시처럼 자동기계적 동작을 제지할 수 없던 것일까?

베른하임이 보기에 최면상태 속의 관념이 은연중에 동작으로 직접 변화한 것은 '관념운동의 반사적 감수성의 제고'(Exaltation of the Ideo-motor Reflex Excitability) 때문이었다. 이 말은 무슨 뜻일까? 하나의 예를 들어 자동기계적인 이 반사동작을 도둑으로, 의식작용을 경찰로 비유해 보자. 데스핀의 주장을 예로 보면 우리는 반드시 "도둑이 도망간다. 경찰이 그곳에 없다"고 말해야 하지만 베른하임은 "그렇지 않다. 경찰은 여전히 그곳에 있다. 하지만 이번 도둑은 특히 발이 빨라 경찰에 잡히기 전에 벌써 도망쳤다"고 하였다.

베른하임의 미해결 문제

베른하임의 이 학설도 결국 철저하지는 못하다. 그는 우리에게 왜 이 도둑이 특히 발이 빠른가를 일러주지 않았고 최면과 암시 속에서 '관념운동적 반사 기제'(Ideo Motor Reflex Mechanism)가 왜 그 감수성을 증가시킬 수 있는가도 일러주지 않았다. 베른하임은 "암시가 어떻게 성공하는가?"에 대한 문제를 여전히 해결하지 못한 것이다.

'관념운동적 반사'는 불가능

이러할 뿐 아니라 베른하임과 다른 프랑스 학자들은 모두 '관념운동적 반사'설에 근거해 관념 자체가 다른 충돌관념의 장애가 없을 경우 자체적 역량에 근거해 동작을 실현할 수 있다고 여겼다. 그들은 관념 자체가 직접 동작으로 변화한다는 것이 불가사의한 것임을 인식하지 못했다. 현대심리학자들은 대부분이 '관념운동적 반사'의 가능성을 부정하면서 정감과 본능을 떠나면 관념이란 것은 아무런 작용이 없다고 여긴다. 가령 이 설에 의하면 프랑스 각 학파들의 '암시'설도 근본적으로 동요돼야 한다.

베른하임의 공헌

비록 이러하다고 해도 베른하임의 공헌은 결국 덮어버릴 수는 없다. 그는 최면이 바로 암시라는 것, 이것이 자액과 무관하고 질병과도 무관한 것임을 처음으로 입증했다. 이 입증이 낭시학파의 입장이자 신낭시학파의 출발점이다.

베른하임과 프로이트

우리는 특히 베른하임이 프로이트의 선생이라는 점을 잊으면 안 된다. 프로이트는 비록 그의 계승자가 아니지만 그의 교정자였다. 베른하임은 늘 최면 속에서 종종 호령을 내려 환자로 하여금 깨어난 뒤 그것을 실행토록 했다. 환자는 깨어난 뒤 실행을 하지만 그가 호령을 받았다는 점은 잊어 버렸다. 베른하임은 방법을 고안했고, 환자들은 이따금 최면 속의 경험을 점차 기억해낼 수 있었다. 이 일이 무의식 역시 그대로 어렵지 않게 기억 속으로 불러낼 수 있을 것이란 프로이트의 추론을 이끌어냈다. 그래서 정신분석법의 발생사에 있어서 베른하임 역시 응당 위치가 있어야 한다. 베른하임의 이른바 '감수성'(Excitability)이 바로 프로이트가 말한 '감정전이'(Transference)이다. 환자의 그 '리비도' 잠재력이 의사에게로 전이됨으로써 그의 말에 따르고 복종하게 되는 것이다.

제3장

신낭시학파

신낭시학파

쿠에와 보두엥

신낭시학파의 지도자는 에밀 쿠에(E.Coué)인데, 그는 중년에 들어 낭시학파의 지도자 리보로부터 최면술을 익혔으므로 두 학파는 일맥상통하는 것이다. 그는 일찍이 낭시에서 약방을 개업했었고 약을 팔면서 최면술을 시행했다. 영업의 경험 속에서 그는 두 가지 주의 기울일만한 사실을 발견했다. 첫째, 그가 최면을 시행한 환자가 진정으로 숙면상태에 진입한 비율은 1/10에 불과했고 숙면상태에 들지 않은 이들 역시 마찬가지로 암시를 받았다는 것이다. 둘째, 그가 판매한 약의 효능은 이따금 약 자체로 인한 것이 아니라 환자의 심리작용 때문이었다는 것이다. 따라서, 그는 암시가 꼭 최면을 요하진 않으며 최면자 또한 꼭 필요한 것이 아니라고 단정했다. 그는 그리하여 최면술을 포기하고 자기암시(Autosuggestion)로 그것을 대체했다. 몇 년이 지나면서 자기암시의 효과가 힘을 발휘했다. 1차 세계대전 당시 쿠에는 매년 1만 5000명이 넘는 환자를 치료했다. 쿠에는 실사구시적 의사였지만 자기암시 요법을 보급하는 데 있어 학리적 설명을 하진 않았다. 자기암시의 학리를 설명한 사람은 보두엥(C.Baudouin)이었다. 그의 『암시와 자기암시(Suggestion et Autosuggestion)』란 책이 바로 쿠에의 치료법에 심리학적 기초를 제공했다.

신낭시학파의 구별

신낭시학파와 구낭시학파는 어떻게 구별될까? 이 두 학파는 모두 암시에 주의를 기울였지만 암시의 해석에 있어서 차이가 있다. 개괄적으로 말하면 암시에는 두 가지 성분이 있다.

(1) 진료자가 하나의 관념을 환자에 부여하면 환자는 이 관념을 마음속에 받아들인다.

(2) 이 관념은 잠재의식 속에서 행동을 실현한다.

구낭시학파는 첫 번째 성분에 집중한 반면 신낭시학파는 두 번째 성분에 집중한 것이다. 구낭시학파는 진료자를 필요한 것으로 봤지만 신낭시학파 사람들은 모두 스스로 암시를 시행할 수 있다고 여겼다. 암시의 요점은 관념을 동작으로 변화시키는 것이므로 누가 이 관념을 마음속으로 끌어들여 그것을 실현케 하느냐는 중요치 않다. 꽃을 재배하는 것이 결과에 의의가 있다면 재배하는 이가 나이어도 좋고 정원사이어도 좋으며 결과는 늘 같은 것이기 때문이다.

따라서, 보두엥은 암시에 정의를 내렸는데 송신자와 수신자의 관계를 완전히 없애고 전적으로 암시 자체의 특성을 논했다. 그는 암시란 것이 '관념의 잠재의식적 실현'(The Subconscious Realisation of an Idea)이라고 했다. 이 말은 무슨 뜻일까? 그가 든 예를 들어 보자. 어느 임산부의 해산기는 분명 3주 뒤이어야 했는데 봉주르 의사(Dr. Bonjour)는 암시를 사용해 그녀로 하여금 출산을 앞당기도록 했다. 금요일에 그녀에게 "다음 주 목요일 오후 2시에 잠이 들면 그날 밤에 당신은 출산을 하려할 것이다. 나는 금요일 오전 7시에 당신을 보러올 것이다. 아이는 금요일 정오에 출산해야 한다"며 암시했다. 다음 주 목요일 오후가 되어서 그녀는 과연 잠이 들었고 금요일에 아이가 출산됐다. 이 때 그녀는 최면상태 속에 있었고 의사가 깨운 뒤 그녀는 지난주 일을 완전히 기억하지 못했으며 자신이 아이를 낳았다는 점도 알지 못했다. 이 일은 보기에 비록 신기하게 여겨지지만 실은 전부 암시작용이었다. 그녀는 마음속으로 우선 의사가 암시한 "다음 주 목요일에 출산한다"는 관념을 받아들였고 이 관념이 잠재의식 속에서 실현된 것이므로 그녀는 깨어나서 아무런 생각이 들지 않았다. 모든 암시는 이와 같다고 볼 수 있다.

암시의 종류

암시는 본디 모두 하나의 원리에 지나지 않지만 암시를 시행하는 이는 타인일 수도 있고 자신일 수도 있으므로 암시는 타인암시와 자기암시의 두 종류로 나눌 수 있다. 자기암시는 이따금은 자발적이고 비고의적이며 이따금은 고의적이고 성찰적이다. 그래서 암시는 아래와 같이 나눌 수 있다.

(1) 자발적(Spontaneous) 암시

(2) 성찰적(Reflexive) 암시. (1)과 (2)는 자기암시이다.

(3) 유도적(Induced) 암시. 이는 타인암시이다.

이제, 그에 대해 토론해보기로 하자.

자발적 자기암시

우리는 일상생활 속에서 늘 자기도 모르게 스스로 암시를 하는데 그것이 고의가 아니므로 우리는 그것을 홀시하지만 지금 몇 개의 실례를 들어보면 자발적 암시가 극히 평범한 것이란 점을 알 수 있다.

긴 목판을 땅 위에 올려놓으면 우리는 한명 한명씩 목판 위를 지날 수 있으며 발이 땅에 닿지 않는다. 하지만 이 목판을 가파른 탑 꼭대기에 걸쳐 놓으면 습관이 되지 않은 이들은 몇 걸음 내딛다 넘어지고 만다. 이것이 바로 자발적 자기암시이다. 가파른 목판 위를 걸을 때 우리는 자기도 모르게 자기암시로 "이 얼마나 위험한가. 난 미끄러워 넘어질 거야!"라고 말하고 이 '미끄러짐'의 관념이 너무 견고하게 마음속에 자리 잡고 있으면 실제 동작으로 실현되고 만다. 일을 함에 가장 좋은 것은 대담하게 하는 것이지만 '걱정이 앞서 살얼음판 걷듯 하는' 사람들은 왕왕 살얼음판 걷듯 조신하기 마련이다. 보두엥은 이러한 사실을 근거로 하나의 원칙을 밝혀냈는데 "어떤 동작을 생각하면 어떤 동작을 가져온다"는 것이다.

같은 이치로, "어떤 관념을 떠올리면 어떤 관념이 실현된다". 예컨대 집안에 앉아 보고픈 친구를 기다릴 때 마음속에 그가 도착해 초인종을 누르는 생각을 하는데, 기다림에 조바심이 나고 그는 아직 도착하지 않았지만 우리가 벨 울리는 소리를 듣는 듯한 것이다. 다른 예로 깊은 밤 산 속을 거닐 때 마음속에 귀신이 있을 거란 무서움이 생기고 앞에 서 있는 나무를 보고 귀신을 본 것으로 여길 수 있다. 또 다른 예로 눈에 익은 어느 글자를 보고 뭔가를 추억하는데 마음속에서 내가 이 글자를 이미 지웠다고 생각하면 아무리 생각해도 기억나지 않는 것이다. 이것이 모두 본래 어떤 관념이 없었는데 내가 그것을 있게 하면 곧장 마음 위로 올라서는 것이다.

"어떤 정감을 생각하면 어떤 정감이 나타나게 된다". 마음속으로 처량하고 고통스럽다고 생각하는 이는 십중팔구 처량하고 고통스러우며 마음속으로 즐겁다고 여기는 이는 십중팔구 실제로 즐겁다. 처음 연설 무대에 오르는 이는 늘 사전에 "나는 여태껏 연설을 해 본 적이 없다. 이번 무대에 서면 두려울 것이다!"
라고 생각하는데 무대에 오르면 그는 과연 가슴이 뛰고 다리가
후들거리며 한 글자도 뱉어낼 수 없다. 패전병인 이는 어떤 병
사들의 모습을 볼수록 공포심이 밀려들고 생각할수록 공포감이
엄습한다. 누군가 정감은 전염된다고 말했다. 소위 전염이란 것
은 바로 상호 암시란 것이다. 장례를 행하는 이들은 누구 하나
비통해하지 않는 이가 없는데 마음속이 원래 매우 평안했던 이
라 할지라도 사람들이 애통해하는 모습을 보면 이따금 자기도
모르게 슬픔에 젖어 들게 된다.

　많은 미신 속에도 자발적인 암시에 빗댈 수 있는 것들이 있
다. 중국 농촌에서는 늘 부적으로 병을 쫓는다. 말라리아에 걸
린 이가 이를 쫓아내려면 닭이 그려진 부적을 씹어 삼키거나 그
렇지 않으면 종이봉투에 돈을 몇 푼 담아 길에서 잃어버려야 하
는데 주운 이가 바로 말라리아를 옮아간다고 여기는 것이다. 이
따금 이러한 방법은 실로 효과가 있기도 하다. 이는 환자가 자
기도 모르게 "내가 이렇게 하면 병은 치유될 것이다"고 자기암
시를 하기 때문이다. 스위스의 보주(Vaud)란 곳의 민간에는 사
마귀에 관련된 미신이 있는데 중국에서 말라리아를 쫓는 방법
과 아주 유사하다. 사마귀를 얻고 싶은 이는 한밤중에 밖에 나
가 손가락에 침을 바르고 눈으로 별을 뚫어지게 쳐다본다. 이와
함께 침을 바른 손가락을 다른 손에 점찍는다. 이러한 방법을
수차례 행하면 점찍은 손엔 과연 작은 사마귀가 생겨난다. 이

지역 부녀자들은 이 같은 놀이를 매우 즐긴다. 그들은 스스로 사마귀를 얻은 뒤에는 수를 써서 다른 이에게 전하기도 한다. 사마귀를 전하는 방법 역시 매우 흥미롭다. 사마귀가 있는 사람은 산 사마귀들의 손을 꽁꽁 묶어 주머니에 가두어 봉한 뒤 주머니를 길 위에 내버린다. 주머니를 주운 이가 매듭을 풀면 사마귀가 그에게로 옮아간다는 것이다. 보두엥은 이것이 자기암시의 하나의 좋은 예라고 여겼다.

중국에는 오래전부터 '태교'(胎敎)란 말이 있는데 서방에도 이러한 신앙이 있어 임산부가 늘 어떤 아이를 생각하면 장래 그 같은 아이를 낳는다는 것이다. 보두엥이 인용한 하나의 실례가 바로 '태교'란 것의 효과이다. 알토(Artault)의 『의학기록(Chronique Médicale)』속에는 다음과 같은 구절이 있다. "어느 젊은 부인이 임신 2개월 째였다. 그녀 남편의 친구가 그들을 방문했다. 그녀는 전에는 이 사람을 본 적이 없었다. 그녀는 그의 오른손 엄지와 중지가 이상한 것을 보고 깜짝 놀랐다. 손가락이 두껍고 휘어 있는 것이 사자 발톱과도 같았다…이후 이 괴상한 손 모습이 자꾸 그녀의 마음속에서 기승을 부렸다. 그 친구는 부근에서 수개월을 머물었고 매번 그가 식사하러 올 때 임산부는 늘 그의 괴상한 손가락을 주시했다. 그녀의 아이에게 장차 저러한 괴상한 손가락이 자랄지 모른다는 마음속 공포 때문이었다. 그녀는 아주 두려워했으므로 그녀의 남편은 이 친구가 그녀 면전에서 장갑을 끼도록 했다. 하지만 불행히도 그 인상은 이미 배 속에 깊이 찍혔고 그녀의 아이가 태어날 때 오른손 손가락 역시 괴수 같았으며 그 친구와 같았다."

자기암시의 법칙

이상의 많은 실례로 보두엥은 자발적 자기암시의 규칙에 관해 4가지를 지적했다.

(1) 주의 집중의 법칙(The Law of Concentrated Attention)

자발적 주의력이 집중하는 관념은 늘 동작의 경향으로 실현된다. 예컨대 가파른 목판 위를 걸을 때 자발적 주의력은 '미끄럽다'는 관념에 집중되므로 '미끄럽다'가 결국 사실이 된다.

(2) 예비적 정감의 법칙(The Law of Auxiliary Emotion)

자발적 주의력은 늘 우리 인간의 이해관계에 대한 사물에 집중되므로 늘 정감이 따른다. 어느 관념에 뒤따르는 정감이 강할수록 그 실현의 경향 역시 커진다. 1915년 독일 비행기가 파리를 공격했을 때 전신불수로 자리에서 일어나지 못하던 어느 5층 집에 살던 부인이 홀연 자기도 모르게 아래층으로 내려온 적이 있었다. 이 역시 암시작용이다. 그녀는 본디 거동을 할 수 없었지만 인근의 포성을 듣고 "아래층으로 도망쳐야 한다"는 관념이 이상하게 강했던 데다 매우 강렬한 정감이 뒤따르면서 갑자기 잠재의식 속에서 아래층으로의 도망이라는 동작을 실현했다.

(3) 노력의 반대의 법칙(The Law of Reversed Effort)

이것은 가장 중요한 자기암시의 법칙이다. 예를 들어 설명하는 것이 가장 좋다. 우리는 한밤중에 실면을 하면 잠을 자고 싶을수록 잠을 잘 수가 없고 귀를 막고 싶을수록 평상시 들리지 않던 시계바늘 가는 소리가 종소리보다 더 또렷하게 들린다. 다른 예로 우리는 자전거를 처음 배울 때 앞에 커다란 바위가 있어 크게 놀라다가 그것을 피하고 싶어 하지만 결과는 부딪치고 만다. 이것이 모두 노력에 반대되는 것의 영향에 따른 피로이다. 실면하는 이는 우선 이미 '실면'이라는 관념을 자기암시한 뒤 또다시 이 암시를 방어하기 위해 노력하므로 스스로 "나는 자야 한다"고 두 번 세 번 말해도 이러한 고의적 노력은 원래의 암시를 방어할 수 없을 뿐 아니라 오히려 그것의 세력을 조장할 수 있다. 이러한 노력을 그래서 "노력과 정반대다"라고 한다.

(4) 잠재의식적 목적율의 법칙(The Law of Subconscious Teleology)

암시는 관념이 동작으로 변하는데 있어 경과되는 작업이다. 이러한 작업은 모두 잠재의식 속에서 진행되므로 스스로는 하면서 조금도 생각을 해낼 수 없다. "암시를 거쳤던 목적이라면 잠재의식이 방법을 찾아내 그것을 실현할 것이다." 예컨대 우리들은 어려운 수학문제를 풀어야 하는데 백 번 생각해도 풀리지 않을 때가 있다. 차라리 그것을 포기하고 놀이를 하거나 다른 작업을 하다보면 뒷날 정확한 답이 자기도 모르게 머리위로 떠오르게 된다. 이것이 바로 잠재의식적 목적율이다.

성찰적 암시

위에서 자발적 암시를 토론하면서 우리는 관념은 본디 그 고유한 역량이 잠재의식 속에서 동작을 실현한다는 점을 알 수 있었다. 앞서 든 모든 예는 바로 잠재의식적 암시이다. 우리는 의식으로 암시를 제어할 수도 있는데 단지 암시가 몸과 마음이 요하는 관념에 유리할 때이다. 이러한 고의적 암시를 '성찰적 암시'라고 부르는데 바로 신낭시학파 학자들이 사용한 치료법이다. 통상적으로 이른바 '자기암시'는 대부분 '성찰적 암시'를 가리킨다.

성찰적 암시와 자발적 암시의 구별

성찰적 암시와 자발적 암시를 서로 비교해보면 그 근본 원리는 서로 비슷하지만 결국은 차이가 나타난다. 첫째, 정감은 자연스럽게 토로되고 의식의 지배를 받지 않으므로 위에서 언급한 '예비적 정감의 법칙'은 성찰적 암시에 응용할 수 없다. 둘째, 자발적 암시 속에서 '주의 집중의 법칙'과 '노력 반대의 법칙'은 모순 없이 병행할 수 있는데 여기서 일컫는 주의란 것은 자발적인 것이고 고의적 노력이 아니기 때문이다. 하지만 성찰적 암시 속에서 이 두 가지 규칙은 상호 모순을 피할 수 없는데 성찰적 주의는 일종의 고의적 노력이고 고의적 노력은 통상적으로 무언가를 바꾸려는 노력이기도 하기 때문이다. 예컨대 가파른 목판을 오를 때 주의력은 미끄러짐을 피하는데 집중될 수 있는데 주의 집중의 법칙으로 말하면 우리는 반드시 '미끄러움을 피해야 한다'는 관념을 실현할 수 있어야 한다. 하지만 노력 반대의 법칙으로 보면 우리가 미끄러움을 피하는데 사용한 고의적 노력은 '미끄럽다'는 암시를 증가시키는 데 쓰여졌다. 그래서 성찰적 암시는 동시에 두 개의 모순된 암시를 지닌다고 할 수 있는데 하나는 어떤 관념을 실현하려는 것이고 다른 하나는 이 관념의 실현을 또한 두려워하는 것이다. 집중하고 또 집중할수록 노력에 반대되는 영향은 더욱 커지고 결과적으로는 바랐던 바와 달리 늘 미끄러지고 만다.

상상이 의지보다 중요하다

'노력 반대의 법칙'을 없애기 위해 낭시학파 학자들은 자기암시를 시행할 때 의지를 버려두고 전적으로 상상만을 하라고 주장했다. 예컨대 우리들이 자기암시를 해서 한밤에 편히 잠에 들고 싶으면 우리는 의지를 믿는 것을 삼가야 한다는 것으로, 스스로 고집스럽게 "내가 잠을 잘 자려고 한다. 주위 소리를 듣지 않으려고 하고 모든 것도 생각하지 않으려고 한다"고 말하면 노력에 반대하는 것이 나로 하여금 실면을 촉진한다는 것이다. 우리에게 가장 좋은 방법은 상상을 믿고 조용히 마음 비우며 누워서 마음속으로 내가 오늘 밤 달콤한 잠에 들 것이라고 상상하는 것이고 잠을 잘 때 몸이 얼마나 편안하고 머릿속은 얼마나 그윽할는지를 상상하는 것이다. 쿠에의 말에 의하면 모든 행동은 의지란 것이 적어지고 상상이란 것이 많아지는 데서 비롯된다. 그래서 지금껏 대사를 이뤄냈던 이들, 이를테면 카이사르, 나폴레옹 등은 보통 사람들의 생각과는 달리 그들에겐 인간을 뛰어넘는 의지가 있었던 것이 아니라 실은 모두 지대한 상상가들이었다. 꿈 없이 소소한 일에만 여념인 이들은 세계를 정복하는 공적을 세울 수 없는데 근본적으로 좋은 옷 입고 좋은 밥 먹는 것 외의 일은 꿈꾸지 않기 때문이다. 자기암시는 바로 상상을 증가시키는 일종의 방법이다.

성찰적 암시 속에서 의지는 늘 상상과 충돌하고 주의 집중의 법칙은 늘 노력 반대의 법칙과 상호 충돌하므로 성찰적 암시의 가장 중요한 문제는 암시한 관념이 어떻게 상응하는 강한 힘으로 동작을 실현하도록 할 것인가인 한편 고의적 노력이 또 어떻게 헛되지 않게 할 것인가이다.

잠재의식적 자유의 용솟음

보두엥의 말에 의하면 이 두 가지는 주의력이 유약해져 제지작용(Inhibition)이 존재하지 않아 잠재의식이 자유롭게 용솟음(Outcropping)칠 때 그것을 좇는다. 주의력은 어떠한 상황 하에서야 비로소 유약해지는 것일까? 가장 일상적인 것이 수면이고 그 다음은 도취하거나 환상할 때이며 잠재의식은 의지의 제지작용을 받지 않을 때 역시 자유롭게 용솟음친다. 잠재의식이 자유롭게 용솟음칠 때 한편으로는 노력에 반하는 것이 없고 다른 한편으론 관념이 또한 극히 생동적이고 활발하므로 암시의 감수성이 이 때 가장 강렬한 것이다. 하지만 수면과 심취 속에서는 의식이 대체로 완전히 정지되어 우리는 이때 고의적 자기암시를 시행하기란 매우 어렵다. 부득이 그 다음으로 미루면, 수면 전과 기상 이후의 그 시간을 움켜쥐는 것이 좋은데 이 때 주의력이 가장 유약하기 때문이다.

경합

보두엥은 자기 암시에 가장 적합한 심경은 '경합'(Contention)이라고 하였다. '경합'은 일종의 '힘이 소모되지 않는 주의력'(Attention Minus Effort)이다. 예컨대 우리가 지금 글을 쓴다고 치면, 방금 시작할 때 마음을 쪼개놓던 많은 것들, 가령 문밖의 차 소리, 방금 전에 받았던 편지, 본래 저녁에 친구와 예정했던 약속, 벽에 걸린 그림 등이 모두 내 주의를 끌 가능성이 있다. 마음은 동시에 두 곳에 쓰일 수 없는데, 나는 글을 쓰려고 하므로 옆의 일을 제쳐 두고 마음을 전적으로 글을 쓰는 데로 쓰는 것이다. 이것은 통상적인 주의력이란 것인데 힘이 소모된다는 것은 동시에 심경이 여러 다른 사물의 권한 침범을 받기 때문이다. '경합' 상태 속에서는 그렇지 않은데 이때 심경은 초연하고 정신은 하나의 단독 사물에 몰려 있으며 다른 것은 나의 마음을 건드릴 조금의 능력도 없는데 이른바 "천둥소리도 들리지 않고 태산의 미려함도 신경 쓰이지 않는다"는 것이 바로 이러한 심경이다. '경합' 상태 속에서 주의력은 한편으로 응축되는(Concentrated) 것인데 마음속에 단지 한 종류의 대상만이 있기 때문이고 다른 한편은 유약(Relax)하다고 할 수 있는데 옆의 사물이 주의를 끌지 못해 조금도 힘이 소모되지 않기 때문이다.

주의고정

이러한 경합적 심경은 이따금은 천부적이고 이따금은 양성되는 것이다. 양성의 방법은 주의고정(Immobilization of Attention)이다. 이른바 '주의고정'은 바로 "마음을 편안하게 하는 것"이다. 주의력이란 것은 어떻게 편안하게 얻어질 수 있을까? 가장 좋은 방법은 바로 먼저 주의력을 모 사물에 경합시키는 것인데 주의력은 시간이 오래되면 다른 것들엔 피로를 느끼면서 유연해지며 심경이 투명해진다. 유모는 아이를 재울 때 늘 아주 간단한 노래를 부르고 아이를 안고 흔드는데 바로 그에게 있던 다른 주의력을 피로케 하는 것이다. 승려는 안정에 익숙하고 왕왕 염불을 외면서 나무아미타불을 염송하기도 한다. 보두엥이 말한 주의고정법 역시 참선과 아주 유사하다. 주의고정법으로 심경이 투명해지는 것을 추구하면 잠의식이 용솟음돼 나오기 쉬운데 보두엥은 '자기최면'(Autohypnosis)이라고 불렀다. 자기암시를 하기 전에 자기최면을 행하는 것이 가장 좋지만 수면에 드는 것은 적당치 않은데 숙면 중에 자기암시를 시행할 수는 없기 때문이다.

자기암시

자기암시를 실행할 때 암시한 관념은 특수하거나 보편적일 수 있는데 쿠에는 초기에는 특수한 암시를 퍽 중시했다. 예컨대 체질이 허약한 이는 늘 "내 체력이 예전보다 훨씬 나아졌다"고 자기암시를 하고 정신이 위축된 이는 늘 "나는 최근 마음이 실로 즐겁다"고 자기암시를 하는 것이다. 요컨대, 어떠한 특수한 작은 병에 처방을 내리고 특수한 암시를 사용토록 했던 것이다. 하지만 쿠에는 만년에 들어선 모든 작은 병들이 하나의 보편적 암시로 치료될 수 있다는 것을 발견했는데 우리가 매일 잠자기 전과 후 "갖가지 일들이 하루하루 계속 좋아지고 있다"고 암시하는 것이 아주 좋다는 것이다. 매 번 10번씩 말하고 그것이 오래되면 우리는 자연히 만병이 사라지고 심신이 건강해질 수 있다. 보두엥 역시 보편적 암시의 사용에 찬성했는데 보편적 암시가 특수한 암시와 모순되지 않는다고도 여겼다. 우리가 매일 아침저녁으로 보편적 암시를 행하는 것 외에 어떤 병이 생겼을 때 수시로 경합에 대해 연습하고 손으로 병이 난 곳을 안마하면서 "병이 차츰 없어지고 있다"고 말하는 것이다. 중요한 것은 모두 자연스러워야지 자기암시가 사람을 피곤하게 하는 것이 되어선 안 된다는 것이다.

타인암시는 즉 자기암시이다

구낭시학파 학자들이 보기에 모든 최면은 암시이고 신낭시학파 학자들이 보기에 모든 암시는 자기암시이다. 구낭시학파는 최면자와 피최면자의 관계를 중시하면서 최면자가 그 자신의 관념을 피최면자의 마음에 전하는 것이라 했으므로 피최면자는 최면자에 대한 믿음이 깊을수록 암시가 효과를 내기 쉽다. 신낭시학파는 암시된 관념이 암시를 받은 이 자신의 마음속에서 비롯되고 암시를 행하는 자로부터 판박이된 것은 아니므로 타인암시 역시 자기암시라고 여겼다. 쿠에는 늘 아래 예를 들어 이이치를 설명했다. 그는 S에게 암시하며 우측 창문에 흰 옷 입은 이의 환영이 있는데 창문 우측의 윗부분이라고 했는데 S는 종종 우측 창문의 아랫부분에서 흰옷 입은 이의 환영을 봤다고 하고 사람의 형체에 대해서도 암시를 받은 이들이 각기 묘사한 것이 서로 다른 것이었다. 이로부터 암시를 받은 이의 관념이 암시를 시행하는 이에게서 전해진 것이 아님을 알 수 있었다.

그는 암시라는 것이 모두 자기암시라는 데는 또 다른 이유가 있다고 했다. 암시가 효과를 발생시키려면 암시를 받은 이에겐 반드시 암시를 받고자하는 결심이 있어야 하는데 만약 그가 원치 않거나 암시한 관념과 그의 인격이 십분 충돌할 경우 암시는 영원히 성공될 수 없다는 것이다. 샤르코는 한 번은 대중강연 중 어느 부인에 최면을 걸었는데 그녀는 샤르코의 암시를 받고 갖가지 예사롭지 않은 행동을 했다. 예컨대 그녀에게 문 옆에 어떤 이가 당신을 모욕하고 있다면서 그녀에게 종이칼을 건넸는데 그녀가 노기충천해서 그 실제는 아닌 사람에게로 뛰어들어 그의 머리에 종이칼을 내리 찍은 것이었다. 샤르코가 강연을 마친 뒤 그의 제자들은 그 최면을 받은 부인에게 "지금 방안에 당신 혼자 밖에 없다. 의복을 벗고 수면에 들어야 한다"고 암시한 적도 있었는데 그녀가 듣자마자 자신을 아주 무례하게 대했다고 여겨 크게 화를 냈다. 이 예시 역시 피최면자는 마음속에 자신의 저울추와 저울대가 있으며 최면자가 좌지우지할 수 있는 노리개가 아님을 입증했다고 할 수 있다.

쿠에의 방법

신낭시학파 학자들은 자기암시에 주의를 기울였으므로 최면의 보급을 주장하지 않았다. 쿠에는 늘 진료를 청한 환자들에게 "좋은 의사를 찾고 싶다면 길을 잘못 들어선 것이다. 나는 사람을 치료해본 바가 없다. 나는 단지 스스로가 어떻게 스스로를 치료하는지를 가르쳤을 뿐이다. 나는 이미 많은 이들이 자기 자신을 치료할 수 있도록 가르쳤다. 나는 지금 역시 당신이 자기 자신을 치료하는 방법을 가르칠 뿐이다. 내가 지금 하려는 실험은 늘 성공하긴 했지만 이따금 실패하기도 한다. 나는 여태껏 내 생각이 당신에게서 꼭 실현될 것이라고 한 적 없으며 각 개인의 생각이 그들 자신에게서 실현될 수 있다고 해왔을 뿐이다. 당신이 쥐고 있는 주먹은 내가 아니라 오직 당신만이 그것을 펼 수 있다"고 말하길 즐겼다. 쿠에는 매번 자기암시를 처음 배우러 온 이들에게 명령조로 이처럼 말했다. "당신은 두 주먹을 꼭 쥐고는 맘속에서 '나는 그것을 펼 수 없다'고 종종 생각하고 있다. 내가 지금 1, 2, 3의 3을 셀 때 당신은 그 꼭 쥔 두 손을 반드시 펴야 한다. 하지만 마음속에서 여전히 '나는 할 수 없다. 나는 할 수 없다'는 생각을 하고 있다면 당신은 온힘을 다해도 그것을 펼 수 없다." 말이 끝나고 그는 실행했으며 암시를 받은 이들은 늘 펼 수 없다는 상상을 하면 펼 수가 없었지만 '나는 펼 수 있다'는 상상을 하면 두 손이 즉각 펴졌고 아무런 힘도 들지 않았다. 이 실험의 의도는 진료를 받는 이들로 하여금 자기암시의 근본 원리를 알도록 한 것이다. 이 원리란 바로 동작은 상상에서 비롯되지 의지에서 비롯되지 않는다는 것이다. 이 개학식을 마친 뒤 쿠에는 "갖가지 일들이 하루하루 계속 좋아지고 있다"와 "병이 차츰 없어지고 있다"의 이 두 가지 자기암시의 공식을 학생들을 불러 가르쳤다.

보두엥의 방법

보두엥이 환자들에게 자기암시를 설명한 방법은 쿠에의 방법보다 더욱 흥미롭지만 비교적 복잡하다. 그가 사용한 것을 '슈브뢸의 흔들이'(Chevreul's Pendulum)라고 부른다. 이러한 흔들이를 조그마한 낚싯대에 낚시 바늘이 걸린 것으로 생각하면 되는데 막대에 줄이 달렸고 줄 끝에 약간 무게가 나가는 반짝이는 구슬이 달렸다. 이 방법을 행하기 전에 우선 흰 종이 위에 원을 하나 그리고 원 가운데의 O 위로 두 개의 직선이 교차토록 한다. 그다음 암시를 배우는 이들로 하여금 줄이 매달린 막대를 쥔 채 구슬을 가운데 O 부위 위에 놓게 한 뒤 "손을 움직이지 말고 마음속으로 AB선을 상상하라. 한마음 한뜻으로 A지점에서 B지점으로 상상하라"고 일러줬다. 암시를 배우는 이들은 AB를 상상하자 막대기의 추가 자기도 모르게 AB의 방향으로 흔들렸다. 하지만 그가 CD선으로 고쳐 상상하면 손은 여전히 움직이지 않았음에도 추가 CD선으로 갔던 것이다. 이 실험의 의도는 암시를 배우는 이들로 하여금 상상이 동작에 끼치는 영향이 의지보다 크다는 점을 알게 하는 데 있었다. 이른바 자기암시란 바로 상상을 이용해 동작에 영향을 끼치는 것이다.

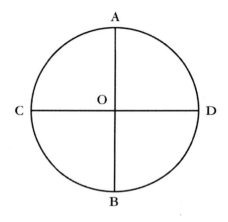

자기암시의 효험

구낭시학파의 학자들에게서 암시를 받을 수 있던 이들은 90%
이상이었고 쿠에에게서 자기암시를 받을 수 있던 이들은 97%
이상이었다. 이는 바로 100명 중 자기암시를 할 수 없던 이들이
많아야 3명을 넘지 않았다는 이야기다. 쿠에는 자기암시를 사용
해서 병을 치료했고 늘 아주 기발한 효과가 있었다. 자기암시의
응용이 얼마나 광범했는지 몇 가지 예를 들어보자.

낭시의 A군은 신경쇠약증을 앓고 있었고 소화가 불량했으며
밤에 편히 잠을 잘 수 없었고 늘 자살공포도 있었다. 많은 의사
들이 효험을 보지 못했고 뒷날 쿠에가 자기암시를 실행토록 한

뒤 6주 뒤 병이 치유됐다.

30세의 한 부인은 폐암을 앓고 있었고 이미 3기였다. 쿠에는 그녀로 하여금 자기암시를 행하도록 했고 수개월 뒤 폐병이 말끔히 없어졌다.

G 교수는 음(喑)증을 앓고 있었는데 강의를 시작한지 10여분이 지나면 목소리가 나오지 않았다. 그는 여러 의사를 청해 진료를 받았지만 효과가 없었고 쿠에가 자기암시를 행하도록 한지 나흘 뒤 병은 치유됐다.

이러한 예는 쿠에와 보두엥의 저작 속에 아주 많고 보기에 꽤 돌팔이 의사의 광고 같기도 하지만 실은 모두 거짓이 아니다. 쿠에는 영미권 강연을 갔을 때 자기암시를 배우고자 하는 풍현(風眩)증을 앓고 있던 청중을 현장에서 기적적으로 치료했는데 이는 많은 이들이 친소 목도한 것이었다.

제4장

자 네

자 네

　자네(Pierre Janet)는 현대 프랑스 이상심리학계의 태두이다.
그는 샤르코의 귀한 제자이자 살페트리에르 병원 의사로 다년
간 재직했으며 이치로 볼 때 원래 파리학파에 속했어야 하는 듯
하다. 하지만 그는 『심리치료(Médications Psychologiques)』
란 책에서 파리학파와 낭시학파 외에 프랑스 이상심리학에는
또 다른 일파가 있다고 했고 바로 그 자신과 샤를 리셰(C.
Richet), 알프레드 비네(A.Binef) 등으로 대표되는 이들이다.
이 세 번째 학파와 나머지 두 학파의 차이는 어디에 있을까? 간
략히 말하면 파리학파와 낭시학파의 연구대상이 최면과 암시에
편중돼 있던 반면 자네학파의 학자들은 모든 이상심리 현상을
연구했다는 점을 들 수 있다. 파리학파와 낭시학파의 목적은 실
제의 치료에 있었지만 자네학파 학자들의 목적은 순전히 심리

학을 위한 것이었고 그들은 모든 이상심리 현상의 원칙을 찾아
내고자 했다.

히스테리의 실례

자네는 평생의 노력을 히스테리 연구에 쏟았고 그의 이상심
리학설은 모두 갖가지 히스테리(Hysteria)에 관한 사실에 근거
한다.

몽유병

히스테리적 질환은 아주 많은데 자네는 '몽유'를 가장 보편적
인 것으로 여겼다. 그의 병원에 한번은 32세의 남성이 있었는데
두 다리가 마비되어 온종일 침대에서 잠을 잤다. 어느 날 깊은
밤에 그는 홀연 가볍게 뛰어 내려와 베개를 품은 채 문을 열고
실외로 도망 나왔으며 곧장 지붕 위에 올라갔는데 평상인보다
훨씬 더 생기 넘쳐 보였다. 그는 그가 품은 베개를 그의 아이로
여겼는데 그는 외조모가 아이를 팽개칠까봐 두려워했으므로 그
것을 품고 지붕 위로 올라간 것이었다. 하지만 그는 깨어난 뒤
는 두 다리가 여전히 마비 상태였고 그 자신이 꿈속에서 베개를
들고 지붕 위에 올라갔었다는 것을 완전히 망각했다.

많은 히스테리는 모두 몽유인데, 단지 환자가 일상언어로 말

을 하고 늘 잠에 들어있지 않을 뿐이다. 자네가 치료한 아이리네(Iréne)가 유명한 예이다. 아이리네는 아주 가난한 가정의 여아였는데 그녀는 모친이 폐병을 앓아 두 달 동안을 주야를 가리지 않고 돌보았다. 모친을 돌보는 일 외에 그녀는 공장에서 일하며 생계를 꾸려야 했으므로 과로로 정신이 이상했다. 그녀의 모친이 사망한 뒤에도 모친이 여전히 살아 계시다는 상상을 했고 온힘을 다해 시신을 끌어안고는 했다. 이후 그녀는 늘 발광했고 매번 그녀 모친 임종시의 정경이 재현됐다. 그녀는 상상된 모친과 대화를 했고 혼자 묻곤 또 답하는 것이 마치 실제 그러한 일이 있는 듯 했다. 마지막에 그녀는 모친과 자살을 상의했고 그녀는 철로에 누워 열차에 깔려 죽을 결심을 했다. 곧장 그녀는 열차가 오고 있다는 상상을 했고 두 팔을 뻗고 땅위에 누웠는데 그것이 철로였던 것이고 눈을 뜬 채로 죽기만을 기다리는데 전전긍긍했다. 얼마 지나지 않아 그녀는 홀연 소리를 내질렀는데 진짜로 열차에 깔린 듯 했고 누워서 움직이지 않았다. 이러한 장면을 그녀는 늘 재현했지만 매 차례 깨어난 뒤에는 일상인과 다를 바 없었고 조금도 발광했을 때의 언동을 기억하지 못했다.

배회증

이밖에 '배회증'(Fugue)이란 것도 '몽유병'과 아주 유사하다.

자네는 일찍이 배회증을 앓는 R을 진료한 바 있었다. R의 모친은 정신병을 앓고 있었고 그 자신 역시 건강하지 못했다. 13살 때 그는 선원들이 다니는 술집에 자주 들렀다. 선원들은 늘 그에게 먹을 것과 마실 것을 권했고 늘 아프리카 얘기를 그에게 들려 줬는데 당시 R은 그같은 예사롭지 않은 이야기를 취중에 들으며 아프리카를 동경한 바는 없었다. 하지만 그는 술에서 깨어난 뒤로 아프리카 얘기에 자기도 모르게 관심이 쏠려갔다. 그는 잡화점에서 장부관리를 맡고 있었는데 평상시는 배부르고 편한 일에만 관심 쏟았었고 결코 아프리카에 가는 꿈을 꾼 적은 없었다. 그러나 매번 술에 취한 후나 피곤할 때 그는 왕왕 이곳을 떠나 배를 타고 아프리카에 가는 생각을 자기도 모르게 하곤 했다. 한번은 배에서 잡일을 하게 됐는데 일이 고되고 학대도 받았지만 그는 도리어 아주 기쁘고 만족했으며 아프리카에 갈 수 있다고 생각했는데 불행히도 배가 항해를 중단, 육지로 돌아와 다른 방법을 모색해야 했다. 여비 때문에 그곳에서 그릇닦이를 하기도 했다. 언젠가 8월 15일이었는데 주인에게서 "오늘 8월 15일이니까 우리 좀 좋은 음식을 먹어야겠다"는 말을 들었다. 그는 "그래야죠, 8월 15일은 버진 축제가 있는 날이니까요!"라고 답한 뒤로 홀연 사방을 둘러보며 자기가 있는 곳이 그 아침저녁으로 지켰던 잡화점이 아니란 데 깜짝 놀랐다. 그릇닦이에 온 힘을 쏟고 있는 것이 그의 상황을 설명하고 있다는 것이 그는 조금도 믿기지 않았다. 이러한 질병의 예를 자네가 아주 많이 들었다.

이중인격

'배회'와 유사한 병으로 '이중인격'(Double Personality)이란 것이 있다. '이중인격'의 예는 아주 많다. 제임스가 든 안젤 본 (Ansel Bourne), 프린스가 든 뷰챔프(Beauchamp) 및 시디스가 든 한나(Hanna)가 모두 유명한 예이다. 지금 우리는 페리다엑스(Felida X)의 예를 설명한다. 페리다엑스는 10살부터 갖가지 배회증을 보였고 따라서 그녀는 위축됐고 겁 많고 나약했으며 자주 어지러움 증세가 있었는데 이 어지러움이 몇 분 있다 지나간 뒤 그녀는 또 다른 사람이 됐는데 아주 발랄했고 아주 기뻐하는 것이 아주 건강한 여성 같았다. 하지만 이렇게 건강한 시간은 짧았고 몇 분 뒤 그녀는 다시 혼미해졌으며 깨어난 뒤 다시 위축된 상황으로 돌아갔다. 그래서 그녀에겐 두 개의 인격이 있었는데 하나는 위축된 것이고 하나는 쾌활한 것이었으며 건강한 상황에서 그녀는 위축됐던 상황을 기억했지만 위축된 상황에서 그녀는 건강했던 상황을 기억하지 못했다.

모든 히스테리의 공동 원리: 고착관념

자네는 위에서 언급한 몇 가지 히스테리를 분석했고 그것들의 배후에는 공통된 원리가 있다고 여겼는데, 정상과 이상이 서로를 대체한다는 것이다. 이상상태 속에서 환자는 두 가지 서로 모순되는 심리적 상황을 나타낸다. 첫째, 그 마음에는 '고착관념'(Fixed idea)이란 것이 둥지를 틀고 있다는 것인데 예컨대 베개를 아이로 간주한 것이고 땅을 철로로 간주한 것이다. 둘째, 이 '고착관념' 외에 그는 모든 기억과 모든 감각을 완전히 상실한다. 예컨대 아이리네가 발광했을 때는 방안에 누군가가 있어도 본체만체한다. 정상상태 속에서도 환자는 두 가지 모순된 심리상황을 나타낸다. 첫째, 그는 일상적인 기억과 감각을 회복한다. 둘째, 그는 이상상태 속의 언행을 완전히 잊는다.

망각

한마디로 말해서 히스테리를 앓는 이들은 한편으로 과도하게 열중하고 다른 한편으로는 또 과도하게 망각해서 고로 환경에 대처하는 것이 왕왕 일반적이지 않다. 병 상태 속의 정경을 망각하는 데에 제한되지 않으며 병을 불러온 원인과 병이 들기 전의 정감과 지각 역시 기억할 수 없다. 아이리네는 정상상태 속에서 자신이 발광했을 때의 행동을 잊을 뿐 아니라 그녀가 마주했던 모친의 임종 정경 역시 모호하게 변했다. 그녀는 "모친이 돌아가셨다. 사람들이 모두 그렇게 내게 일러줬다. 나는 지금 어머니를 다시 볼 수 없는데다 상복을 입고 있다. 하지만 어머니는 왜 돌아가신 것일까? 난 생전에 모친께 잘 해드리지 않았던가?"라고 하곤 했다. 의사는 그녀가 병간호를 하던 때의 정경을 물었는데 그야말로 애매모호했다. 자네는 다른 19세의 여성도 진료한 적 있었다. 발광 속에서 늘 "불이야! 도둑이야! 뤼상이여 나를 구해줘!"를 외쳤고 깨어나서 의사가 그녀 병의 원인을 물으면 그녀는 평생 집에 불난 적이 없었고 도둑도 든 적 없으며 뤼상이란 이름도 전혀 알지 못한다고 말했다. 하지만 뒷날 그녀의 친지로부터 그녀가 예전에 농촌에서 하인 일을 했었는데 야간에 도둑이 불을 내서 그녀 주인집이 불탔었고 그녀가 뤼상이란 자에 의해 구조됐던 적이 있다는 것을 알게 됐다. 그때 그녀는 아주 놀랐었고 그 뒤 히스테리를 얻은 것이었다. 이 예로 볼 때 우리들은 히스테리를 앓는 이들은 한편으로 병을 불러온 정황을 기억하지 못하지만 다른 한편으로 이 병을 불러온 정황이 마음속에서 '고착'이 됐다는 점을 알 수 있다.

분리작용

이러한 '망각'을 심리학에서 어떻게 해석할까? 자네학파와 프로이트학파는 '망각' 문제에 대한 해석이 다르다. 프로이트는 억압작용(Repression)으로 해석했는데 뒤에서 상세히 다룬다. 자네는 분리작용(Dissociation)으로 해석했다.

무엇을 '분리작용'이라고 할까?

프랑스 심리학자들은 감각주의(Sensationism)를 중시해서 심리의 전체덩어리가 무수한 감각이 쌓여 이루어진 것이라고 본다. 자네 역시 이러한 선입견에서 벗어나지 못한다. 그에 의하면 우리 인간의 모든 경험은 마음속에 관념(idea)이 남겨져 있다. 예컨대 길을 갈 때는 길 갈 때의 관념이 있고 우리 인간은 이 관념을 기억하므로 길을 갈 수 있다. 가령 그것이 잊히면 두 다리가 묶일 것이다. 다른 모든 행동도 이로 유추할 수 있다. 우리 인간의 마음속에 지닌 관념은 아주 많은데 왜 여러 동작을 동시에 할 수는 없는 것일까? 왜냐하면 건강한 심리 속에서 모든 번복되는 관념은 정합적 시스템으로 종합되기 때문이고 그 속의 각 부분은 전체의 제어를 받아야 한다. 내 마음 속에 '길을 간다'는 관념이 저장돼 있는데 이때 도리어 여기서 글을 쓰고 있다면 '길을 간다'는 관념과 내가 여기서 집중해서 글을 쓴다는 심리시스템이 상호 수용될 수 없다. 이상심리의 발생은 즉 전체 심리시스템이 '분리'되기 시작한 것이며 어느 하나의 관념이 전체 시스템을 떠나 독립되는 것으로 다른 관념의 제지를 받지 않고 다른 관념을 제지할 수도 없다. 예컨대 내 마음 속의 '길을 간다'는 관념이 분리돼 독립될 때 마음속에는 두 종류의 의식이 생기는데 하나는 정상상태 속의 전체 심리시스템, 즉 1차적 의식이고 다른 하나는 '길을 간다'는 독립된 관념, 즉 잠재의식(Sub-conscious) 혹은 2차적 의식(Secondary Consciousness)이다. 이 두 종류의 의식은 분리가 되면 그 뒤 상호 대립되어 서로 출몰하는 것을 확인할 수 없다. 나는 정상상태 속에서 전체 심리시스템이 기억되고 '길을 간다'는 관념이 망각되므로 두 다리를 움직이지 않는다. 그에 반해 이상상태 속에서는 '길을 간다'는 것이 기억되고 전체 심리시스템이 망각되므로 다른 것에 대해 머리 속에서 위치의 변경이 피해질 수 없다.

정신병은 생리적인 것이 아니라는 예

자네는 모든 히스테리는 분리작용으로 해석할 수 있다고 여겼다. 그전에 의사들은 많은 정신병의 원인을 생리적인 것으로 간주했다. 자네의 이상심리학에 대한 최대의 공헌은 바로 예전의 의사들이 심리적인 병이 실은 생리적인 병이라 믿었던 것을 모두 분리작용의 결과라는 것으로 증명한 데 있다. 위에서 우리는 이미 두 다리가 마비된 사람이 몽유병 속에서 지붕 위에 오를 수 있었다는 점을 봤고 이것이 분명한 증거이다. 우리는 지금 다시 자네가 든 예를 가지고 착란, 마비, 실어 등등 많은 질병이 실은 모두 생리병이 아니라 심리병이라는 점을 설명해 본다.

어느 19세의 여성은 병이 위급한 그녀의 부친을 병간호했다. 부친이 돌아가시기 전에 그녀는 일찍이 오른팔로 기운 없는 부친의 몸을 부축한 적이 있었다. 부친이 돌아가신 뒤 그녀는 이상하게 피곤했으며 그녀의 오른쪽 반신이 점차 운동과 지각의 능력을 잃어가면서 반신불수가 됐다.

기계를 청소하는 한 남성이 일을 하다 얼굴이 기름으로 범벅이 됐다. 그는 물로 씻어냈지만 눈가의 기름은 제거하기 쉽지 않았다. 그의 눈에 기름이 들어가진 않았지만 두 시간 뒤 그는 색맹이 됐고 4년이 지나서야 치유됐다.

　　어느 40세의 남성은 작은 농촌에 거주했고 퍽 재산이 있었다. 그의 부인은 그에게 파리로 이주하자고 권했고 그들은 파리의 호텔 안에서 살았다. 어느 날 그는 밖에서 돌아와서 그의 부인이 재산을 갖고 도망했다는 사실을 발견했다. 그는 정신적으로 커다란 자극을 받았고 18개월 간 말을 할 수 없었다. 뒷날 그는 비록 본모습을 회복했지만 매번 감정이 복받치거나 피곤할 때 여전히 말을 할 수가 없다.

　　많은 이들은 늘 자기도 모르는 사이 갖가지 이상한 동작을 나타낸다. 어떤 이들은 아래턱을 괴고 어떤 이들은 손톱을 깨물며 어떤 이들은 늘 콧구멍으로 큰소리로 숨을 내쉬는데 이러한 동작은 왕왕 퍽 규칙적이고 옆 사람이 보기에 매우 재미있다. 자네는 16살의 여아를 치료한 적이 있다. 그녀의 가정은 극히 가난했는데 어느 날 그녀 부모가 한숨을 내쉬는 소리를 듣고 그녀는 매우 자극을 받아 히스테리에 걸렸다. 병 상황에서 그녀는 늘 "나는 일을 해야 해요, 나는 일을 해야 해요!"를 외쳤고 그녀의 직업은 장난감 안경을 만드는 것이었다. 이 일을 할 때 그녀는 오른손으로 늘 기계의 바퀴를 돌리고 오른발로는 기계의 발판을 밟아야 했다. 병을 얻은 뒤로 그녀는 늘 오른쪽 손목을 이

리저리로 움직이고 오른발을 올렸다가 내리고 다시 내렸다가 올리는 것이 꼭 예전에 장난감 안경을 만들 때를 방불케 했다.

자네에 따르면 이러한 질병은 모두 몽유병 증세와 같은 이치이다. 어느 하나의 관념이 분리작용으로 인해 의식에서 벗어나면 그 결과는 망각이 과도해져서 실어나 반신불수 등 병이 생기고 혹은 집중이 과도해져서 갖가지 이상한 동작 혹은 자세를 나타내는데 이를테면 장난감 안경을 만들던 여아가 그러하다.

분리작용의 원인

정신병은 분리작용에서 많이 비롯되는데 위에서 설명한 대로이다. 지금 우리는 의식이 어떻게 분리작용을 일으킬 수 있는지를 물어야 한다.

종합작용의 실패

자네는 의식의 분리작용은 종합작용의 실패에서 비롯된다고 여겼다. 의식경험은 늘 복잡하게 꼬여 있고 늘 기복이 있으므로 그 인격의 덩어리란 것이 형성되는 것은 사실 종합작용 (Synthesization)에 의지한다. 이른바 종합작용이란 것은 자아란 것이 중추가 되어 자잘한 심리적 사실을 하나로 일관되게 엮어낸다. 예컨대 "나는 춥다고 생각한다"는 하나의 의식경험은 바로 종합작용의 결과이고 그중 "춥다고 생각한다"는 하나의 일이고 "나는 춥다고 생각한다"는 또 하나의 일이다. "춥다고 생각한다"는 것이 대표하는 것은 새로이 발생한 것이고 매우 세밀한 심리적 사실이며 '나'란 글자가 대표하는 것은 인격의 덩어리로 그 속은 내용이 아주 복잡해서 예를 들자면 나의 생각과 감정과 습관 및 과거경험 등등이 그 안에 모두 포함된다. "나는 춥다고 생각한다"고 말할 때 그 뜻은 즉 인격덩어리(나)가 이 새로이 발생한 하나의 세밀한 심리적 사실(춥다고 생각한다)을 흡수해서 그 내용을 확장한 것을 일컫는다. 자네는 '나'는 일종의 매우 식성이 좋은 생물인데 마치 늘 촉수를 뻗어 사방의 미생물을 흡수해서 자신을 살찌우는 아메바와 같다고 말했다.

종합작용이 실패하면 분리작용이 그로 인해 일어난다. 이상심리는 정치가 혼란스러운 국가와 마찬가지로 최고 권력을 쥔 수반이 하야하면 많은 권력자들이 할거하여 일시적 안일을 탐하기 시작한다. 종합작용이 있으면 전체적으로 건전한 인격이 되고 종합작용이 없으면 인격은 이중 혹은 다중으로 분열된다. 다중인격 속에서 이 어떤 인격이 무대에 오르면 저 어떤 인격은 물러서며 감춰지고 상호 볼 수 없고 알지 못하며 알지 못하므로 상호 영향을 끼쳐서 제지를 할 수가 없다. 예컨대 자네가 진료한 R은 잡화점을 열 때 아프리카 여행을 꿈꾸지 않았고 아프리카에 가는 과정에서도 역시 일찍이 잡화점을 했었다는 것을 떠올리지 못한다.

의식범위의 축소

의식분리는 즉 의식범위의 축소(Restriction of Consciousness)
이다. 건전한 사람은 모든 관념이 동일한 의식범위 내(동일 자
아의 관할을 받는다)에 평안히 있으므로 의식범위가 크다. 의식
범위엔 포용할 수 없는 것이 없고 매 한마디, 행동 하나하나가
모두 인격덩어리의 제어를 받으므로 이성을 지니는 것이다. 분
리 뒤의 의식은 여러 사람이 재산을 나누어 가지려고 하는 것과
같고 매 인격이 갖는 범위는 모두 원래보다 축소된다. 정신병을
앓았던 여성하인은 자신이 공주라고 환상했는데 그녀 마음속의
'공주'라는 관념이 분리돼 나옴으로써 하나의 협소한 의식범위
를 점유, '여성하인' 경험 속의 여러 관념의 제어 혹은 교정을
받지 않는 것이다.

심리적 수평선의 하락

의식의 종합작용은 어떻게 실패할 수 있을까? 자네는 종합작
용은 일종의 '심리적 에너지'(Psychical Energy)에 기대야한다
고 말했다. 정상적인 심리 속에서 심리적 에너지는 매우 충족되
고 심리적으로 늘 일종의 긴장상황(Tension)을 나타내며 적당
한 높이의 수평선을 유지하므로 정신은 응집된다. '정신의 응집'
은 바꿔 말해 바로 의식이 종합작용을 지켜가는 것이다. 이상상
태의 심리 속에서 심리적 에너지는 소모(Exhaustion)되므로 정

신이 산만한 것이다. '정신의 산만'은 바꿔 말해 바로 의식이 분리현상을 나타내는 것이다. 자네의 용어로 말하면 분리작용은 "심리적 수평선의 하락"(Lowering of Mental Level)에서 비롯된다.

심리적 에너지의 소모

심리적 수평선은 어떻게 하락할 수 있을까? 바꿔 말하면 심리적 에너지는 어떻게 소모될 수 있을까? 자네에 의하면 모든 행동은 심리적 에너지를 사용해야 한다. 어떠한 종류의 반응이 가장 심리적 에너지를 소모하고 가장 쉽게 피로를 발생시키는지 심리학자들은 아직 충분히 연구하지 않았으므로 '심리적 비용'(Mental Expenditure)이란 것은 아무래도 좀 더 기다려봐야 할 부분이다. 개괄적으로 말해서 일종의 환경에 적응할 때 일이 순조로우면 심리적 에너지는 과도하게 쓰이지 않으며 환경이 너무 곤란해서 우리 힘으로 짊어질 수 없으면 크게 당황하게 되고 심리적 에너지 역시 낭비를 면할 수 없다. 심리적 에너지를 가장 낭비하는 것은 정감(Emotions)이다. 정감의 발생은 몸이 일종의 특수한 환경을 마주해 시간에 따라 차분히 대응하지 못하고 심리적 에너지가 귀속처 없이 범람하게 되어 정신이 흥분상태를 나타낸다. 정신병의 발생은 그래서 왕왕 강렬한 자극을 받거나 파열된 정감이 생긴 이후에 있다.

상처받은 기억

가장 심리적 에너지를 낭비하는 심리작용으로 정감 외에 '상처받은 기억'(Traumatic Memories)이 있다. '상처받은 기억'은 자네학파 학설과 프로이트학파 학설이 맞닿는 부분이자 그들 논쟁의 초점이다. 자네는 '정신분석학'은 모두 그의 '상처받은 기억'이란 하나의 개념으로부터 나온 것이라고 말했으므로 우리는 이 문제에 대해 상세히 토론해야 한다.

'상처받은 기억'은 자네의 초기 저작 속에서 '잠재의식적 고착 관념'(Subconscious Fixed Ideas)이라 불리는데 프로이트가 일컬은 '억눌린 욕망'과 퍽 유사하다. 그것은 어떻게 발생할까? 이 문제는 사실 위에서 토론한 바 있는 "분리작용은 어떻게 발생하는 것인가?"의 문제이다. 자네와 프로이트는 모두 이 문제에서 출발했지만 그들은 분리작용의 원인에 대해 해석이 다르다. 프로이트는 분리작용이 의식의 억압에서 비롯된다고 여겼고 그 학설은 별도의 장에서 상세히 논한다. 자네는 분리작용이 심리 수평선의 하락 혹은 심리적 에너지의 고갈에서 비롯된다고 여겼고 그 설은 이미 위에서 논했다. '상처받은 기억'은 심리적 에너지의 고갈의 결과이자 또한 그 원인이다. 이 말을 어떻게 해석해야 할까?

환경이 곤란하면 그에 대응할 수 없고 심리적 에너지는 허비되며 곤란은 여전히 해결되지 않는다. 곤란이 해결되지 않은 환경은 여전히 시시각각 우리들이 대응을 모색하도록 재촉하는데 대응하는 방법은 세 종류에 지나지 않는다.

(1) 이미 시도했지만 실패한 동작을 다시 한 번 시도하는 것이다.

(2) 이미 시도했지만 성공하지 못한 동작에 수정을 가하는 것인데 이는 다른 종류의 동작을 택하는 것이다.

(3) 시원하게 그 환경을 벗어나고 그야말로 다시는 수를 써서 대응하지 않는 것이다.

자네는 세 번째 길은 아주 용감한 자만이 갈 수 있는 힘을 지닌다고 여겼다. 일반적으로 정신이 쇠약한 사람은 나아가지 못하고 물러서지도 못하므로 벗어날 수가 없다. 두 번째 길 역시 퍽 힘이 드는데 정신이 쇠약한 많은 이들은 대부분 피하려 든다. 그래서 남은 길은 단지 첫 번째 길밖에 없다. 적응하지 못한 동작은 첫 번째에 시도했지만 실패했고 두 번째로 시도하지만 자연히 실패이다. 실패한 뒤 또 실패하는 것은 심리적 에너지에 있어 낭비를 한 뒤 또 낭비를 하는 것이고 결국은 자연히 정력이 고갈된다. 자네는 일찍이 이 같은 예를 든 적 있다. "나는 방금 고통을 불러온 한 통의 편지를 받았고 답신하지 않을 수 없는데 답신하는 것은 고통스러운 일이었다. 나는 편지를 쓰고 싶었지만 쓸 용기가 없었다. 편지를 책상 위에 두고 결국 답신하지 않았다. 뒷날 나는 이 방을 들어갈 때나 혹은 이 책상 앞에 앉을 때마다 꼭 이 편지를 봐야 하고 이 편지를 볼 때 마다 꼭 답신할지를 생각해야 한다. 만약 답신을 하려 한다면 10분을 쓰면 된다. 하지만 나는 계속해서 허튼 계산을 할 수밖에 없었고 많은 심리적 힘을 낭비한 결과 답신은 하지 않았고 심리적 에너지 역시 고갈됐다."

우리는 다시 간단한 하나의 비유를 들어본다. 정신병을 앓는 이는 등불로 덤벼드는 나방과 같은데 어떻게 실패하든 결국 불빛을 향해 덤벼든다. 여러 차례 실패한 동작은 마지막까지 습관적 동작이 되고 사색할 필요 없이 자동이 되며 다시는 의식의 제지도 받지 않고 다시는 다른 일상행위와 상호 연관되지도 않으며 다시는 인격덩어리로 동화될 수도 없다. 요컨대, 그것은 일종의 잠재의식적 동작이 된다. 소위 '상처받은 기억'은 바로 잠재의식적 동작을 지배하는 고착관념이다. '상처받은 기억'이 있는 환자는 그의 잠재의식적 동작을 의식할 수 없으므로 정상상태 속에서 기억할 수 없다. 몽유병, 히스테리, 다중인격 등 증상은 모두 '상처받은 기억'의 산물이다.

자네와 프로이트

이를 보면 우리는 자네의 '상처받은 기억'과 프로이트의 '억눌린 욕망'에 중요하게 상통하는 구석이 있다는 점을 알 수 있다. 그것들은 모두 의식을 벗어나 독립된다는 것이고 마찬가지로 의식분리의 결과이며 모두 정신병의 원인이라는 점이다. 하지만 그것들은 하나로 혼동돼선 안 되는데 그것들엔 두 가지 가장 중요한 다른 점이 있기 때문이다.

(1) 형성의 이유로 보면 프로이트의 근본원리는 '억압'(Repression)이고 자네의 근본원리는 '고갈'(Exhaustion)이다.

(2) 내용으로 보면 프로이트의 '억눌린 욕망'은 대체적으로 성욕과 관련되는데 자네는 이에 크게 반대하면서 모든 관념이 잠재의식을 형성시킬 수 있다고 여겼다. 프로이트의 무의식은 정감을 중심으로 하고 자네의 잠재의식은 고착관념을 중심으로한다.

정신병의 치료

정신병은 심리적 에너지의 고갈에서 비롯되므로 치료법은 고갈을 예방하고 고갈로부터 그것을 구제하는 것이다. 자네는 경제학 원리를 심리학에 응용했고 경제학적 용어 사용을 매우 좋아했다. 환경 적응은 심리적 힘이 소모되고 심리적 에너지가 고갈되면 즉 '정신의 파산'이다. 파산을 구제하기 위해선 두 가지 경제학적 원리에 근거해야 하는데 첫째는 '마음의 절약'(Mental Economy)이고 둘째는 '마음의 소득'(Mental Income)이다.

마음의 절약은 휴식치료

우선 '마음의 절약'을 이야기해 보자. 절약의 방법은 아주 많은데 가장 보통인 것은 휴식치료(Rest Cure)이다. 휴식치료가 가장 효과가 있다고 한 이는 미국의 의사 와이어 미첼(Weir Michell)이다. 이 방법은 매우 간단하다. 환자는 침대에 눕고 최대한 모든 동작을 중지하고 심리적 에너지가 소모되지 않게 오래 두면 병이 자연히 치유된다. 휴식치료를 행하는데 있어 환자들의 생활은 간단할수록 좋다. 명예, 사업, 연애, 종교 등등 골칫거리를 일제히 떼어놓아야 한다. 환자의 환경 역시 단조로울수록 좋다. 통상적으로 환자들의 가족은 환자에게 늘 신기한 오락거리가 있기를 바라지만 자네는 신기한 오락거리는 환자에게 무익할 뿐 아니라 유해하다고 여겼는데 새로운 자극이 심리적 에너지의 과잉 소모를 쉽게 불러오기 때문이다.

격리치료

휴식치료와 마찬가지 이치인 것이 '격리치료(Isolation)'이다. 정신병의 시작은 늘 환자가 그의 환경에 조화되지 않는데서 비롯되고 환자가 그것에 대처할 수 없지만 대처방법을 강구하지 않을 수는 없는 환경에 있으므로 심리적 힘을 쉽게 소모케 한다. 예컨대 교류를 원치 않는 이와 내왕하고, 하고 싶지 않은 일을 하는 것은 모두 매우 정신을 소모시킨다. '격리치료'는 바로 병을 불러온 환경으로부터 환자를 다른 적합한 환경으로 옮기는 것이다. 어떻게 볼 때 정신병 역시 전염될 수 있다. 자네는 많은 결혼한 부부들이 결혼 전에는 한 사람 만이 정신병을 앓았는데 결혼 이후 두 사람 모두 정신병을 앓는 것을 본 적 있다. 이는 모두 환자와 함께 한 데에서 비롯되고 곤란한 상황이며 마음의 에너지가 소모되기 쉽다. '격리치료'는 이러한 전염을 없앨 수 있다.

청산

그 밖의 마음의 절약방법을 자네는 '청산'(Liquidation)이라고 불렀다. 소위 '청산'은 바로 '상처받은 기억'이 된 잠재의식이 의식계로 되돌려지게 하는 것인데 환자로 하여금 예전에 병을 가져온 환경을 청산하도록 하는 것이고 그로 하여금 그의 잠재의식의 지배를 받았던 동작이 이 환경에 적응해서는 안 된다는 점을 알게 하는 것이다. 그리하여 전면적으로 새롭게 계획을 짜서 그 밖의 출로를 찾는 것이다. '상처받은 기억'에 의했던 잠재의식이 다시 의식영역으로 되살려지면 환자는 다신 보상없는 동작을 재현해서 정력을 소모하지 않아도 되므로 곧 병이 치유된다. 이러한 '청산' 치료는 프로이트의 '정신분석' 치료법과 매우 유사하다.

마음의 소득

심리의 경제학에서 절약은 아주 소극적인 치료법이다. 효력을 증가시키는 것으로 보면 우리들은 방법을 써서 심리적 에너지의 내원을 확대해야 한다. 정신병은 심리적 힘의 고갈에서 비롯되고 고갈된 뒤 다시 새로운 심리적 힘을 불어넣으면 정신병은 왕왕 없어질 수 있다. 많은 정신병자들은 취하도록 술을 마시면 때때로 건강한 심리를 회복하는데 술에 자극성이 풍부해서 심리적 에너지를 쉽게 흥분시키기 때문이다. 미신과 신권 사회 속에서 환자들은 늘 신묘에 가서 영약을 구했는데 왕왕 정말로 치유가 됐다. 그들은 이것이 신의 보우라고 여겼는데 실은 이는 모두 심리작용이다. 절반은 자기암시로 인한 것이고 절반은 심리적 에너지가 자극으로 인해 증가하기 때문이다. 중국에는 일종의 습관이 있는데 병을 앓는 청년들을 만나면 그들로 하여금 일찍 결혼하라고 하면서 액땜을 하는 것이라 말한다. 이따금 이러한 방법은 뜻밖에도 효과를 내는데 성욕이 가장 풍부한 심리적 에너지의 내원이므로 기고갈된 심리적 힘을 메워줄 수 있기 때문이다.

저장된 에너지의 동원

자네의 『심리치료』 속에서 가장 중요한 마음의 소득방법은 '격동'(Excitation)이다. '격동'의 가장 중요한 원리는 '저장된 힘의 동원'(The Mobilization of Reserves)이다. 우리 인간은 심리적 에너지가 고갈되기 쉽지만 고갈될 수 있는 심리적 에너지가 모든 심리적 에너지의 전부인 것은 아니다. 많은 이들은 평상시 아주 나약하고 위축돼 있지만 큰 어려움이 닥치면 그 용감함과 결연함은 왕왕 미처 생각하지 못했을 정도이다. 겁 많은 사내라도 호랑이를 만나면 깊은 골을 뛰어넘고 자애로운 모친은 아이를 구하는 일이라면 불길도 피하지 않는다. 이것이 바로 '저장된 에너지'가 긴급할 때 동원되는 데 응용되는 것이다. 이러한 '저장된 에너지'는 대체 어느 곳에 비축된 것일까? 자네는 각종 본능, 각종 충동, 각종 습관은 모두 일촉즉발의 경향을 띠며 매 한가지의 경향에는 모두 잠재적인 심리적 에너지가 있으므로 '경향'(Tendency)이 바로 '저장된 에너지'의 비축고라고 말했다. '저장된 에너지'의 양은 경향의 강약에 따라 전이된다. 재난으로부터 벗어나기, 음식 찾기, 반려자 구하기, 적 공격하기 등 여러 경향은 인류 생존에 가장 필요한 것이라 할 수 있으므로 그것들에 비축된 '저장된 에너지' 역시 가장 풍부하다. 정신병을 앓는 이들의 심리적 에너지는 특히 고갈되기 쉬운데 대부분 잠재적인 '저장된 에너지'를 이용할 수가 없기 때문이다. 의사는 그래서 적당한 자극을 부여하는 방법을 시행함으로써 환자의 '저장된 에너지'가 발산될 수 있도록 한다. 자극의 방법은 아주 많은데 자네는 그의 『심리치료』 속에서 종교 예식, 여행, 휴가, 고된 작업, 모험, 성찰, 연애 등등을 언급했다.

자네 학설에 대한 비평

자네는 현대 프랑스 심리학계의 태두이고 적잖은 영미 학자들이 그의 영향을 받았는데 프로이트와 같은 정신분석학자 역시 그에 감사해야할 구석이 있다. 자네 스스로는 그의 '상처받은 기억'설이 뒷날 정신분석의 기틀이라고 말했다. 이를 정신분석학자들은 물론 부인했지만 프로이트는 초년기에 파리를 여행하면서 샤르코에게서 수업을 받기도 했고 자네와는 선후 동문이다. 그가 파리에 있을 때 자네의 저작은 이미 아주 명성이 있었고 그는 자연스레 영향을 받지 않을 수 없었다.

자네는 파리의 정신병원에서 수 십 년간 의사로 있으면서 경험이 아주 풍부했으므로 그의 학설은 구구절절 사실을 근거로 한다. 현재 프로이트학파의 학자들이 한때를 풍미하고 있어 자네의 권위가 다소 침해받고 있지만 비교적 온건한 심리학자들은 여전히 자네의 편에 서있다.

자네 학설의 약점

자네의 심리학은 자연히 많은 약점을 지니는데 세 가지 가장 중요한 점을 언급해본다.

(1) 자네는 초기 저작 속에서 여전히 구조적 경직성을 벗어나지 못하면서 심리적 내용을 감각이 쌓여 이뤄진 것으로 간주했다. 이러한 견해는 이미 새로운 사조에 의해 전복됐다. 만년의 저작 속에서 그는 '심리적 에너지'에 집중했고 다시는 마음을 정지된 것으로 간주하지 않았는데 결국 새로운 사조와 협력한 것

이라 할 수 있다. 하지만 곤경을 들춰 보면 그의 '동적인 심리학'은 여전히 '정적인 심리학'의 변종이다. 왜냐하면 그에 따르면 심리적 에너지는 경향에 잠복해 있고 경향이란 말은 실은 어떤 자극이 어떤 동작을 낳는다는 기계적인 것에 다름 아니기 때문이다. 이러한 관념으로부터 자네를 강하게 공격한 이로 맥두걸을 들 수 있는데 그의 『이상심리학 대요(Outline of Abnormal Psychology)』를 참조할 수 있다.

(2) 자네의 '고착관념' 혹은 '상처받은 기억'설은 낭시학파의 암시설과 마찬가지로 '관념 운동적 활동'(Ideomotor activity)의 가능성을 가정한다. '관념운동적 활동'설에 따르면 우리는 육상경기를 볼 때 주의력이 뛰는 데에 집중되고 마음속에는 '뛴다'는 관념 밖에 없으며 다른 충돌적 관념이 없으므로 '뛴다'는 관념은 자연스레 동작으로 실현되고 우리 자신 역시 '뛰는' 자세를 하기 시작한다. 이러한 학설은 맥두걸 및 기타 현대심리학자들이 부정했다. 가령 정감 혹은 본능의 투입이 없으면 관념 자체는 결코 동작으로 약동될 수 없다는 것이다. 만약 이러한 비평이 성립될 수 있다면 낭시학파와 파리학파의 심리학은 모두 어려움을 벗어날 길이 없다. 요컨대, 자네와 낭시학파 학자들은 모두 이성주의 심리학의 경직성을 벗어나지 못했다. 그들은 '관념'으로 모든 것을 해석하려 했고 동작, 본능, 정감의 여러 문제와 마주해서는 늘 시원스레 설명하지 못했다.

(3) 자네의 두 가지 심리 치료의 원리가 서로 모순된다. '마음

의 절약'설로 말하면 정신병은 심리적 에너지의 고갈에서 비롯
되는데 심리적 에너지의 고갈은 과도한 소모에서 비롯되므로
치료법은 휴식에 집중해서 자극을 감소시켜야 한다. 하지만 '마
음의 소득'설로 보면 그는 또 의사가 잠재한 '심리의 저장된 에
너지'를 자극하여서 그것이 발산되도록 해야 한다고 주장했다.
이 두 가지 원리가 어떻게 모순 없이 병행될 수 있는지 자네는
언급하지 않았다.

제5장

프로이트(上)

프로이트(上)

    인류의 사상은 각 학과의 학문 방면에 있어 모두 역사적 연속성이 있고 프로이트의 학설은 물론 매우 농후한 혁명적 색채를 띠지만 역시 통칙을 벗어날 수 없다. 한편으로 그는 쇼펜하우어, 니체, 하르트만 등 일선에서 서로 전승해온 철학의 계승자이고 다른 한편으로 그는 또 샤르코와 베른하임에게서 공부한 적 있으므로 프랑스 심리학자들과도 깊은 인연이 있다.

    앞의 몇 장에서 프랑스의 이상심리학설을 이야기할 때 우리는 이미 샤르코, 자네 등의 치료가 모두 정신병 환자로부터 시작됐고 특히 히스테리가 그렇다는 점을 알 수 있었다. 프로이트의 학설 역시 히스테리라는 병적 사실 위에서 축조됐다.

브로이어의 '담화요법'

1886년 프로이트는 파리 여행에서 비엔나로 돌아와 브로이어 (Breuer)란 이름의 의사를 만났는데 그가 치료하는 것은 아주 연구할 가치가 있는 히스테리란 것이었다. 이 병을 앓는 여성은 오른쪽 팔이 마비돼 물을 마실 수 없었고 이따금 말도 할 수 없었으며 안구 움직임 역시 정상적이지 못했다. 이들 질병은 모두 그녀가 병이 위중한 부친을 간호할 때 얻은 것이었다. 브로이어는 최면요법을 시행했지만 효과를 보지 못했다. 그녀는 병 상태 속에서 늘 허튼소리를 했고 브로이어는 이러한 말을 기억해두고 그녀로 하여금 다시 최면에 들게 한 뒤 허튼소리 속의 몇 구절을 수차례 반복토록 했다. 게다가 그 당시의 마음속의 환각을 일제히 말로 토해내도록 했다. 이러한 환각은 대부분 모두 비통한 것이었고 그녀로 하여금 병을 얻게 한 비통한 기억이었다. 그녀는 매번 이 같은 환각을 말해낸 뒤 깨어나면서 정상상태를 회복했다. 예컨대 물을 마실 수 없던 다른 여성의 병도 완전히 이러한 방법으로 치료된 것이다. 그녀는 예전에 그녀의 보모를 가장 증오했다. 언젠가 그녀는 그녀 보모의 개가 컵 속에 든 물을 핥아먹는 것을 봤고 그녀는 곧장 마음속에서 극히 강렬한 불쾌감이 발생했는데 보모에 실례할 것이 두려워 표현하지는 않았다. 이 일이 늘 자기도 모르게 그녀 마음속에서 기승을 부렸고 정신이 흐트러질 때 혹은 최면에 걸렸을 때에야 비로소 허튼소리를 내뱉었다. 그녀는 최면 시에 이 기억을 브로이어에 일러준 뒤 마음속으로 시원스러움을 느꼈고 원래 물을 마실 수 없었지만 평상인과 마찬가지로 물을 마실 수 있게 됐다. 다른 각종의 질병 역시 모두 마찬가지 방법으로 치유됐다.

히스테리의 세 가지 특징

브로이어는 이 방법을 '담화요법'(Talking Cure)이라고 불렀지만 그것이 심리학적으로 얼마나 중요한지 그 자신은 아직 명료하게 알지 못했다. 프로이트가 듣자마자 이 속에는 커다란 이치가 있다고 여겨 브로이어와 협력하게 됐다. 뒷날 그는 브로이어와 견해가 달라 독자적으로 연구하기 시작했다. 그는 히스테리와 기타 정신병적 사실로 볼 때 특별히 주목해야할 세 가지가 있다고 인식하였다.

(1) 환자는 안색의 변화없이 질환과 유관한 기억을 말할 경우 효과를 볼 수 없었다. 말을 할 때 환자는 뜨겁게 흥분해야 했고 당시 현장에서 있던 정서가 일제히 가슴 안에서 용솟음쳐야 병이 비로소 치유될 수 있었다.

(2) 환자는 질환과 관련된 과거 경험을 말해내고 싶을 때 늘 일종의 '저항'(Resistance)을 마주했다. 많은 세부적인 부분을 이미 잊었고 그것들을 떠올리고 싶지만 이상할 만큼 어려운 것이 마음속에 있어 타인은 물론 자신에게도 일러줄 수 없는 것 같은 느낌이었다.

(3) 정신질병 중 가장 보편적인 것은 '퇴행'(Regression)이었는데 환자의 기억이 늘 예전의 병을 앓던 때의 관건적 시기로 돌려지는 것이었다. 이러한 중요한 관건의 원인은 대부분 성년기 혹은 영아기에 발생했고 게다가 대부분 성욕과 관련됐다.

쾌락원칙과 현실원칙

프로이트의 학설은 이 세 가지 사실의 기초 위에서 축조됐다. 그가 보기에, 인류 심리에는 두 종류의 시스템이 있는데 각기 시스템은 모두 특수한 원칙의 지배를 받는다. 일차적 시스템(Primary System)은 영아기에 형성되는데 그것을 지배하는 것은 순전히 '쾌락원칙'(Pleasure Principle)이고 이차적 시스템(Secondary System)은 영아기 이후에 형성되는데 그것을 지배하는 것은 '쾌락원칙' 외에도 '현실원칙'(Reality Principle)이란 것이 있다. 첫 번째 시스템적 심리의 특징은 절대적 자유이다. 영아는 도덕습관의 관념이 발달하기 전에 모든 행동이 제멋대로이고 욕망을 좇으며 꺼리는 것이 없다. 그는 단지 쾌감을 추구할 뿐 쾌감을 좇는 것이 사회생활과 상호 충돌하지는 않는지 묻지 않는데 이를테면 맛좋아 보이는 사탕을 보면 따지지 않고 입안에 넣고자 하는 것이다. 뒷날 나이가 차츰 많아지면서 습속과 교육의 영향이 점차 깊어지면 그는 자발적 욕망이 왕왕 법률과 도덕과 풍습에 용납되지 않는다는 것을 발견하고 그 스스로

쾌감을 좇는 동시에 현실에 적응할 수 있어야한다는 것을 발견하며 그리하여 욕망을 절제하는 것으로 체면을 배려한다는 것을 알고 비교적 작은 쾌락을 희생함으로써 비교적 멀고 큰 행복을 교환해올 수 있다는 것을 알게 된다. 바꿔 말해 그의 심리는 첫 번째 시스템에서 두 번째 시스템으로 변화하고 그의 행위 기준에는 '쾌락원칙' 외에 '현실원칙'이 더해지는 것이다.

성욕본능과 자아본능

'쾌락원칙'과 '현실원칙'은 자연히 때때로 상호 조화하고 모순 없이 병행된다. 하지만 그것들이 상호 충돌할 때가 비교적 많은데 '쾌락원칙'은 자발적 욕망의 만족으로 귀속되지만 자발적 욕망은 대부분 성욕에 관한 것이고 대부분 도덕적이지 못하기 때문이다. 프로이트는 인류의 본능에 근본적으로 두 가지가 있는데 그 가장 중요한 것은 성욕본능(Sexual Instinct)이고 그것은 종족의 연속성에 쓰이며 그다음은 자아본능(Ego Instinct)인데 그것은 개체를 보존하는데 쓰인다고 여겼다. 좀 개괄적으로 말하면 성욕본능은 '쾌락원칙'에 근거해 발전하고 자아본능은 '현실원칙'에 근거해 발전한다. 성욕본능은 늘 우리 인간으로 하여금 그것이 자발적 충동을 따라 육체적 수요의 만족에 전송되도록 한다. 자아본능은 우리 인간이 '자아 이상'(Ego-Ideal)을 실현하는 데로 전송된다. 이른바 '자아 이상'은 바로 습속과 교육의 산물이고 '현실원칙'을 기초로 한다.

성욕의 의의: 리비도

성욕에 주의를 기울이는 것은 프로이트 심리학이 갖는 가장 큰 특색이다. 그는 자발적 욕망이 대부분 성욕이거나 성욕의 변형이라고 여겼다. '성욕'이란 두 글자는 그의 심리학 속에서 의미가 아주 넓은데 예컨대 효(孝)라는 것이 성욕으로 간주되고 약하고 작은 것을 학대하며 높은 정신을 숭상하는 것이 모두 성욕의 변형이다. 일반인은 성욕은 일정한 연령이 돼야 발견된다고 여기는데 프로이트는 영아 때부터 성욕이 있다고 여겼다. 예컨대 영아가 젖먹기를 즐기고 타인을 떠보는 것을 좋아하며 알몸을 좋아하고 추궁하는 것을 즐기는 것이 모두 성욕의 표현이라는 것이다. 성욕은 생식기관과 관계가 있을 뿐 아니라 신체 각 부위가 대부분 성욕을 야기할 수 있다. 성욕에는 극히 큰 역량이 있고 늘 우리 인간을 운전하며 우리 인간은 제지할 수 없다. 이러한 성욕 배후의 충동력을 프로이트는 '리비도'(Libido)라 불렀다.

충돌과 억압

자발적 욕망은 대부분 사회에 의해 질의되므로 '쾌락원칙'은 늘 '현실원칙'과 상호 충돌하고 인간의 마음은 늘 욕망과 습속의 격전장으로 변한다. 욕망을 억눌러서 사회에 적응하는 것은 자연히 고통스런 일이다. 하지만 사회적 제지력이 매우 강하면 자아를 보존하려는 충동이 또 내가 쉽게 욕망에 희생될 수 없도록 하는데 결과적으로는 왕왕 욕망이 양보한다. 심리 상황 속에는 소위 '억압'(Repression)이란 것이 있다. '억압'은 프로이트 학설의 정수이고 우리는 반드시 제대로 알아야 한다.

관념과 정조

'억압되는 것'은 현실에서 요구하는 것과 상호 충돌되는 욕망이다. 욕망은 두 개의 성분으로 분석할 수 있는데 하나는 관념(Idea)이고 하나는 이 관념에 부착돼 있는 '정조'(Affect 혹은 Feeling-tone)이다. 예컨대 키스의 욕망은 한편으로 키스의 형상 혹은 관념을 함유하고 있고 다른 한편으론 또 키스에 이어진 관념의 정감을 함유하고 있다. 관념은 의식이 느껴낼 수 있는 것이고 정조는 의식이 완전히 느껴낼 순 없는 것이다. 욕망이 '억압'될 때 이 두 가지 성분은 모두 동시에 억압되지만 결과는 꼭 같지가 않다. 관념은 '억압'이 되면 의식영역에서 배제되는 것이고 무의식(The Unconscious)에 갇혀서 고착관념(Fixed Idea)이 되는 것이다. 정조는 '억압'되면 이따금 (그것은) 완전히 소멸되지만 이따금은 이질적 정조로 변하며 이따금은 옆의 한 종류의 관념에 부착돼 간다. 예컨대 악몽(Anxiety Dream)

을 꾸는 이와 정신병을 앓는 이는 그 억압된 정조가 억압되기 전은 쾌감이지만 억압 뒤에는 변질돼 고통이 되고 작은 동물을 학대하는 이의 그 정조는 성욕 정조로부터 억압을 거쳐 전이돼 온 것이다.

관념복합체

억압된 욕망은 통상적으로 비록 의식계 내로 뛰어들 수 없지만 그 활동력은 반비례해 감소하지 않고 증가하는데 예컨대 영아는 자기 모친을 향해 사랑이 발생한 것에 대해 뒷날 이러한 사랑이 도덕습관과 상호 충돌한다는 것을 알고 나서 억지로 그것을 무의식계로 억압한 것이기 때문이다. 표면적으로 볼 때 그는 이미 원래 지녔던 생각을 완전히 잊어 버렸지만 기실 이 생각은 은연중에는 예전보다 더욱 강렬하다. 예전에 그것은 부유하는 것이었지만 현재는 도리어 고착(Fixation)을 경유해 일종의 관념복합체(Complex)를 형성하는데 '관념복합체'는 욕망의 관념과 정조가 억압된 이후 쌓여서 생성되는 것이다. 그것의 종류는 매우 많은데 가장 중요한 것은 '오이디푸스콤플렉스'(Oedipus Complex)이다. 오이디푸스콤플렉스는 고대 그리스 시기의 한 왕자가 일찍이 뜻하지 않게 부친을 살해하고 모친을 얻은 것이며 이른바 '오이디푸스콤플렉스'는 바로 모친에 대한 아들의 사랑이 억압을 경과해서 무의식 속에서 쌓여 형성된 것이다. 여아의 부친에 대한 사랑은 억압된 뒤 '엘렉트라콤플렉스'(Electra Complex)가 된다. 엘렉트라는 고대 그리스 시기의 한 공주였고 그녀의 부친은 모친에 살해됐는데 그로 인해 그녀는 죽은 부친에 대한 복수를 형제들에 종용했고 모친을 살해했다. 콤플렉스는 많은 정신병을 앓는 이유이다.

무의식, 잠재의식, 전의식, 관념복합체의 구별

독문 Unbewussten, 영문 Unconscious는 통상적으로 '무의식'이라 번역한다. 원래 이 글자는 심리학에 있어 두 가지 뜻을 지닌다. (1)잠시 의식계에 없는 심리 구조와 기능이고, (2)통상적으로 의식계로 들어올 수 없는 심리 구조와 기능이다. 두 번째 의미는 본래 첫 번째 의미를 그 안에 포함하지만 첫 번째 의미와 혼동돼선 안 된다. 첫 번째 의미는 '무의식'이라 번역될 수 있고 두 번째 의미는 '관념복합체'로 번역하는 것이 비교적 정확하다. 예컨대 반사적 동작과 습관적 동작은 대부분 '무의식' 작용이지 '관념복합체' 작용이 아니고 꿈은 대부분 관념복합체의 작용이어서 만약 '무의식'이라 하면 혼동을 피할 수 없다. '무의식'의 범위는 '관념복합체'보다 크다. '관념복합체'가 아닌 '무의식'을 프로이트는 '전의식'(Preconscious)이라 불렀는데 즉 통상적으로 되돌리기 쉬운 기억이다. 프랑스 심리학자들은 '잠재의식'(Subconscious)을 매우 혼란스럽게 사용한다. 그것은 '고착관념'에 의해 형성된 시스템으로 정신병 내원의 소재이므로 프로이트의 '무의식'에 가깝지만 그것은 결코 꼭 되돌릴 수 없는 기억은 아닌데, 이를테면 이중인격의 두 종류의 기억은 늘 자유롭게 의식계로 교체 출현하므로 그것은 또 프로이트의 '전의식'에 가깝다.

프로이트의 심리구조관은 아래처럼 표시할 수 있다.

의식속의 관념이 자유롭게 망각되어 의지가 되돌릴 수 있는 것은 전의식이고 의식속의 관념이 억지로 눌리어져 임의적으로 되돌릴 수 없는 것은 무의식이다.

검사작용

무의식을 의식계로 쉽게 불러올 수 없는 것은 의식에는 '검사작용'(Censor)이란 것이 있기 때문이다. 무의식은 욕망의 은신처이고 의식은 도덕, 법률, 이익 등 관념에 의해 지배된다. 무의식은 '쾌락원칙'에 근거해 활동하고 의식은 '현실원칙'에 근거해 활동한다. 그것들은 마치 적대적 위치에 놓인 것과도 같은데 하나는 문 안에 있고 하나는 문 밖에 있다. 문 밖의 무의식은 때때로 기회를 엿보고 문을 열고 들어올 것을 꾀하지만 문 안의 의식은 그 검사작용을 시행해서 때때로 문을 걸어 잠그고 억압된 부도덕한 관념이 뛰어들어 의식의 안녕을 방해하지 못하도록 한다.

꿈의 감춰진 생각과 드러난 내용

심리가 건강할 때 의식의 검사작용은 늘 '리비도'적 역량보다 크므로 무의식은 문밖 정원에 갇히어 활동할 수밖에 없다. 하지만 잠이 들면 의식의 검사작용이 느슨해져 무의식이 의식계로 들어오는데 결과적으로 꿈이 생겨나게 된다. 예전에 일반적인 심리학자들은 대부분 꿈을 순전히 우연한 기회로 조성된 환각으로 여겼다. 프로이트는 그의 가장 중요한 대작 『꿈의 해석 (The Interpretation of Dreams)』에서 이 설을 뒤집었다. 그가 보기에 "심리계는 물리계와 마찬가지로 기회라고 할 만한 것이 없"고 꿈 역시 우연한 것이 아니며 그것은 실제 모두 '소망의 만족'(Wish Fulfillment)이라는 것이다. 양식이 바닥난 탐험가는 늘 파티에 가는 꿈을 꾸고 저녁식사 때 소금을 많이 먹은 이는 늘 꿈에서 시원한 냉수를 마시며 어린아이는 낮에 옷 구경을 하면 밤에 예쁘장한 옷을 입는 꿈을 꾸는데 이것이 모두 소망 만족의 증거라고 했다. 하지만 비난하는 이들은 이에 이의를 제기하고 있다. "우리들의 꿈에는 악몽이 매우 많다. 위드(Sarah Weed)와 할램(Florence Hallam)의 연구에 따르면, 꿈은 58%가 고통의 성분을 띠고 진정으로 달콤한 꿈은 28% 가량에 지나지 않는데 어떻게 꿈이 모두 소망의 만족이라 할 수 있겠는가?"

프로이트는 이러한 공격은 까닭이 성립되지 않는다고 말한다. 우리들이 깨어날 때 기억하는 꿈은 결코 꿈의 진상이 아니고 꿈의 가짜면모라는 것이다. '꿈의 감춰진 생각'(Latent Dream Thoughts)과 '꿈의 드러난 내용'(Manifest Dream Content)은 또렷이 구별해야 하는데 전자는 가짜면모에 의해 덮여진 소망이고 후자는 가짜면모이다. 꿈은 수수께끼와 같은데 드러난 내용이 수수께끼 외형이라면 감춰진 생각은 수수께끼의 답이고 드러난 내용은 비록 너저분하지만 감춰진 생각과 인과적 맥락을 찾을 수 있다는 것이다. 꿈의 상징화(Symbolism)를 풀이하는 데 가장 좋은 것은 실례를 들어 설명하는 것이다. 어느 유명한 미술가는 퍽 외모가 멋졌고 사람들에게도 자상했으므로 많은 부인들이 그를 사랑했다. 그의 16살 된 아들은 한번은 이 같은 꿈을 꿨다. "방안에 많은 구멍이 나 있어 부친이 그것들을 하나하나씩 막는데 나는 실로 부친만큼 걱정스러웠다." 정신분석가는 "당신은 왜 부친이 걱정스러웠는가"라고 물었고 그는 "부친은 누군가가 그것을 막아 주길 바랐고 실제 나는 도울 수 있었다. 게다가 그처럼 유명한 미술가가 그 벽에 난 구멍들을 막는 일은 적당하지 않았다"고 하였다. 정신분석가의 연구에 따르면 이 꿈은 완전히 성욕 만족의 상징이다. 그는 부친이 많은 부인들의 사랑을 받는다는 것을 봤고 마음속에서 시기심을 억누를 수 없었는데 벽에 난 구멍은 암컷의 상징이었고 부친의 여복을 질투한 것이 꿈의 '감춰진 생각'이었으며 부친이 홀로 구멍을 막는 것을 걱정한 것은 꿈의 '드러난 내용'이었다. 프로이트는 욕망은 대부분 성욕과 관련된다고 여겼으므로 그는 많은 꿈속의 이미지를 모두 생식기의 기호로 간주했는데 이를테면 아라비아숫자 3, 지팡이, 우산, 나무, 칼, 총 등등 긴 형체의 물건은 모두 수컷 생식기의 상징이고 집, 병, 배, 옷장 및 공간이 나 있어 담을 수 있는 모든 물건은 모두 암컷의 상징이며 비행, 나무심기, 계단 오르기 등등의 동작은 성교의 상징이다.

상징의 필요성

꿈은 왜 변장이 돼야 하고 상징이 쓰여야하는 걸까? 상징의 쓰임새는 의식의 검사작용을 피하는 것인데 의식의 검사는 수면 속에서 비록 느슨하긴 하지만 또 완전히 방어력을 잃지는 않으므로 만약 욕망이 적나라하게 의식계로 들어오면 그것의 부도덕한 의미는 의식의 검사작용을 놀라게 할 수 있기 때문에 반드시 변장을 해야 한다. 이와 같이 곧 꿈은 수면을 보호하는 것이 된다. 수면이 가능한 것은 의식이 놀라지 않기 때문이고 의식이 놀라지 않는 것은 꿈의 본디 추한 모습이 상징에 의해 덮이기 때문이다.

꿈의 작업

화장이 바로 꿈의 작업(Dream Works)인데 그것에는 몇 가지 절차가 있다. (1)응축(Condensation)이다. 꿈속의 일종의 상징은 늘 매우 번잡한 의미를 대표할 수 있다. 예컨대 프로이트 자신은 꿈속에서 식물에 관한 글을 쓴 적 있는데 분석 결과 '식물'이란 관념은 가드너(gardener, 정원) 교수 및 그의 아름다운 부인을 표상했고 그가 진료했던 환자 플로라(Flora, 꽃)도 표상했으며 그의 아내가 좋아한 꽃을 표상하기도했다. (2)가치의 전치(Displacement of Value)이다. '감춰진 생각' 속에서 가장 중요한 관건은 '드러난 내용' 속에서 늘 극히 미세하고 '감춰진 생각' 속에서 가장 미세한 것은 '드러난 내용' 속에서 늘 극히 중요하다. 이 이치를 설명하기 위해선 비교적 긴 꿈을 예로 들어야 한다. 하지만 우리들은 하나의 일상경험으로 그것을 대체할 수도 있다. 예컨대 이미 주인집의 문을 나섰는데 다시 뛰어 돌아가는 것의 의도는 주인집 따님을 한 번 더 보는 것이지만 핑계는 작대기를 놓고 왔다는 것이고 작대기를 가지러 가는 하나의 작은 일은 매우 뜨거운 하나의 생각을 대체한다. 꿈속 정경이 이와 왕왕 유사하다. (3)'각색'(Dramatization)이다. 추상적 의미는 꿈속에서 늘 매우 구체적이고 생동적인 사실을 빌어 각색되는 것이다. 예컨대 프로이트에 의하면 한 여성이 꿈을 꾸면서 말에 몸을 밟힌 것은 남성의 성적 요구에 순응하는 것을 대표한다. (4)'윤색'(Secondary Elaboration)이다. 드러난 내용으로 감춰진 생각을 각색할 때 감춰진 생각의 화장은 단지 일종의 재료이다. 꿈의 작업은 이들 재료를 정리해 배치하는데, 뒤집혀 착란을 일으킨 것에 다시 뒤집힘과 착란을 가해 의식의 검사작용이 간섭하는 것을 면하도록 하는 것이다.

일상생활의 정신병리학

의식의 검사작용은 꿈속에서 느슨해질 뿐 아니라 대낮에도 우리는 조금만 조심하지 않으면 무의식 속의 욕망이 늘 기회를 엿보고 나오며 그 결과는 망각(Forgetting)과 실수(Errors) 등 갖가지 현상이다. 프로이트는 『일상생활의 정신병리학(Psychopathology of Everyday Life)』이라는 책 속에서 상세한 설명을 했다.

망각과 실수

우리가 망각하는 것은 모두 우리가 추억하는 것을 탐탁지 않아하는 것이다. 프로이트는 그 자신은 비용을 지불하지 않은 환자에 대해 대부분 늘 쉽게 망각된다고 말했다. 존스(E.Jones)는 늘 흡연이 과도할 때면 재를 어디에 털어야 하는지 생각나지 않는데 며칠 뒤 보면 그것은 늘 아주 구석진 곳에서 나타났다고 말했다. 이것 역시 무의식이 은연중에 그의 과도한 흡연을 제지한 것이었다. 어느 한 의사는 은연중에 환자가 늦게 치유되길 희망했기에 무의식중에 환자에게 "나는 당신이 며칠 내에 침대에서 일어날 수 없기를 바란다"(원래는 "곧 일어날 수 있을 것이다"라고 말하려 했다)고 했다. 어느 유명한 정치가는 어느 날 밤 대표자 견해를 표명하는 긴급회의를 진행하는데 자리에서 일어나자마자 "나는 폐회를 선포한다"고 말했다. 이는 그가 과도하게 피곤해서 은연중에 '폐회'의 바람이 있었기 때문이다. 어느 가게의 남성주인이 점원으로 하여금 창고를 안내하도록 했는데 그 점원은 마침 아름다운 부인을 주시하고 있던 차에 "이쪽으로 가시죠, 부인!"이라 답한 것도 은연중에 그가 그 '부인'과 대화를 하고 싶은 바람이 있었기 때문이다. 어느 한 여성이 결혼을 하면서 여자친구의 축하편지를 받았는데 끝마디가 "건강하고 불행하기를 바란다"(I hope you are well and unhappy)고 씌어 있었다. 원래 이 친구는 그녀의 신랑과 먼저 결혼하고 싶었으므로 은연중에 원한을 품은 것이었다.

사전결정론

위의 많은 예로부터 우리는 보통 이른바 '착각'이라는 것이 실은 모두 생각이 있던 실수이고 보통 '우연'이라고 하는 것이 실은 정해진 것이라는 점을 알 수 있다. 프로이트는 극단적으로 '사전결정론'(Determinism)을 주장하면서 심리상에 발생한 모든 결과에는 꼭 그 원인이 있으며 어떤 일도 우연적이지 않다고 여겼다. 예컨대 우리들은 무의식 속에서 어떤 숫자를 생각할 때 많은 숫자들 가운데 어느 하나를 선택하는데 역시 이치가 있다는 것이다. 프로이트는 한번은 친구에게 편지를 쓰면서 "『꿈의 해석』을 이미 다 교감했는데 2467개의 실수가 있지만 고치지는 않기로 했다"고 한 적 있었다. 여기서 2467이란 숫자는 '아주 많다'는 의미이겠지만 왜 하필 2467이었던 것일까? 그 자신의 분석 결과에 의하면 이 같은 생각을 한 적 있었다는 것이다. 편지를 쓰기 전에 신문에서 E.M. 장군의 퇴역 소식을 접했다. 그리고 아내와 대화를 나누던 중 "당신도 퇴직할 때가 됐어요"라는 말을 들었다. 그는 소년시절 이 장군과 함께 일하고 싶어 했었고 24살 때는 E.M. 장군의 부하로 육군감옥 안에 파묻혀있던 정황이 머리를 맴돌았다. 2467중의 24란 숫자의 유래였고 뒤의 67은 24와 43의 합계였다. 프로이트는 그 해 마침 43세였고 무의식 속에서 다시 24년이 지난 뒤에야 퇴직할 것이란 바람이 있기도 했다. 프로이트는 모든 심리상황과 각종 행동은 이처럼 '정해진 것'이고 세심하게 분석하면 모두 갈피를 찾아낼 수 있다고 여겼다.

위트

망각과 실수 외에 위트(Wit) 역시 의식을 가지고 해석할 수 있다. 프로이트는 『위트와 무의식의 관계(Wit and its Relations to the Unconscious)』라는 책에서 위트의 심리에 대해 아주 흥미롭게 논했는데 모두들 농담 하길 좋아하고 모두들 농담 듣길 좋아한다. 농담 속에서 일부는 분명 '악의적이지 않은 위트'(Harmless Wit)이고 글자의 교묘함으로 웃음을 유발하는 것이며 말하는 이는 악의가 꼭 필요한 것이 아니다. 하지만 대부분의 농담은 '경향성을 띤 위트'(Tendency Wit)이다. 그렇다면 무얼 경향성을 띤 위트라고 할까? 사람들은 선천적으로 호색적 경향을 띠는데 호색의 경향을 만족시키는 위트가 바로 경향성을 띤 농담 중의 하나이고 호색적 위트는 모두 이성애로부터 나오는 것이며 그 의도는 성욕을 일으키는 것이다. 어느 부유한 재산가가 어느 젊은 여성에 사랑을 불쌍하게 애걸 복걸하는데 이 여성은 이미 좋아하는 다른 사람이 있다며 재산가의 간청을 거절한다. 그런 가운데 계속 애걸 복걸하는 이 재산가로부터 나오는 "그대여, 나의 바람은 그리 대단한 게 아니라오!"라는 말이 누군가를 웃기게 하는 것은 사람들에 호색의 경향성이 있기 때문이다.

경향성을 띤 위트의 예

사람들은 모두 타인을 능욕하는 경향을 띠고 이러한 경향을 만족시키는 위트 역시 보편적이다. 프랑스 사상가 루소(Rousseau)와 이름이 같은 한 소년은 친구 소개로 파리의 어느 귀부인을 만났는데 그는 머리가 붉은 빛깔이었고 행동거지가 바보스러웠다. 그녀는 그를 소개시켜준 친구에게 "당신이 내게 소개해준 사람은 루소가 아니라 루엣소(Roux et sot, 붉고 바보같은) (소년)이었다"고 말했다. 이것은 다소의 능욕의 의미를 지니는 것이다. 미국의 노예해방 운동가 필립스(W.Phillips)는 한번은 어느 목사에게서 이 같은 질문을 받았다. "선생은 검둥이들을 구해주는 사람이 아니던가요? 왜 줄곧 남미에서는 활동을 하지 않는 거죠?" 필립스는 답하길 "선생은 영혼을 구해주는 사람이 아니던가요? 왜 줄곧 지옥에는 가지 않는 거죠?"

어느 유명한 익살꾼이 같은 차에 타고 있던 손님에게 말했다. "당신은 얼굴이 나를 너무 닮았어요. 당신의 어머니가 우리 집에 사신 적 있던가요?" 그 사람은 대답하길 "아니요, 우리 아버지가 당신 집에 사셨죠"

미국에 횡재로 돈을 크게 번 벼락부자가 둘 있었는데 우아한 평가를 받고 싶어 미술관을 하나 차렸다. 그들 자신의 두 초상을 벽 중앙에 걸어놓고 저명한 비평가를 청해 감상케 했는데 비평가는 두 개의 초상화 사이 텅 빈 벽에서 무언가를 찾는 듯하며 말하기를 "예수는 어디 있는 거죠?" 예수가 십자가에 못 박힐 때 양 옆에는 두 악인이 흉기를 든 채 버티고 있다.

위트는 왜 쾌락을 불러오나

이는 모두 '경향성을 띤 농담'의 실례이고 뜻에는 능욕이 포함되므로 학대라는 것에 가깝다. 우리는 왜 그렇게 그것들을 듣고 말하길 좋아하는 걸까?

심리적 힘의 절감

프로이트에 의하면 위트가 쾌감을 생성시키는 것은 한마디로 '억압에 쓰일 심리적 지출의 절감'(Economy in the Psychic Expenditure in Repressions) 때문이다. 이 말은 무슨 뜻일까? 첫째, 우리는 쾌감이 대부분 심리적 지출의 절감에서 생겨난다는 점을 알아야 한다. 예컨대 석유등을 쓰다가 전기등으로 바꾸면 첫 며칠간 마음속에서 늘 일종의 쾌감이 생겨나는데 석유등을 쓰는 데는 손이 많이 가지만 전기등은 스위치만 누르면 되기 때문이다. 힘이 드는 것으로 말하면 전기등은 일종의 절감이고 모든 위트라는 것도 특별히 간단하기 때문에 심리적 소모가 절감될 수 있다. 벨기에에 레오폴드(Leoplod)란 이름의 황제가 있었는데 파리의 무용수 끌레(Cles)에 마음을 뺏겨 사람들로 하여금 끌레폴드(Clespold)라는 별칭을 얻었다. 우리는 이 우스꽝스런 이름을 들으면 자기도 모르게 즐거움이 발생하는데 바로 심리적 절감 때문이다.

이는 단지 위트의 기술(Technique)을 말한 것뿐이다. 기술로만 봐도 위트는 글자의 교묘함만으로 사람들에게 즐거움을 발생시키기 충분하다. 이러한 쾌감을 '유희적 쾌감'(Play-Pleasure)이라 할 수 있다. 우리는 위에서 위트가 본래 자발적 경향에서 비롯되고 경향이 실현되기 위해서는 유희적 쾌감 외에 또 다른 한 층의 쾌감이 보태져야 한다는 것을 보았다. 하지만 자발적 경향은 대부분 사회적 수요와 상호 충돌하므로 대부분 직접 실현할 수는 없다. 예컨대 우리는 선천적으로 적을 능욕하는 경향이 있지만 진정으로 적을 마주할 때 자발적 경향은 비록 능욕하고자 해도 예법의 관념이 옆에서 이러한 능욕이 우아하지 못하다는 점을 일러준다. 결과적으로 자발적 충동은 억압되지 않을 수 없다. 이렇게 억압의 유지는 심리적 힘의 소모를 가져온다.

위트를 할 때 우리는 교묘한 방법을 쓴다. 능욕에 쓰이는 언어 혹은 동작이 위트로 나오면 자발적 경향을 만족시킬 수 있는 한편 또 그 경향으로 인해 일으켜질 수 있는 억압을 피해 실례를 하지 않을 수 있다. 바꿔 말해 위트는 웃음 속에서 비평을 하는 것이고 웃음은 사회를 풍자하는 것이다. 그래서 위트가 가져다주는 쾌감은 두 가지인데 한편으로 그것 자체가 문자의 교묘함으로 위에서 말한 '유희적 쾌감'을 발생시키는 것이고 다른 한편은 또 그것에는 자발적 경향을 만족시켜 주는 쾌감이 있는 것이다.

하지만 위트 속의 쾌감의 가장 큰 내원은 다른 곳에 있다. 자발적 경향은 원래 억압작용에 의해 제지되고 억압작용은 심리적 힘을 소모시키는데 위트 속에서 억압은 '유희적 쾌감'과의 싸움에서 지므로 보이지 않는 곳으로 물러나고 원래 억압에 쓰였던 심리적 힘이 완전히 절감되는 것이다. 이러한 심리적 힘의 절감이 바로 위트라는 쾌감의 가장 큰 내원이다. 프로이트는 이러한 쾌감을 '해소적 쾌락'(Removal-Pleasure)이라 칭했는데 그것이 억압을 없애는 것으로부터 얻어지기 때문이다.

웃음

억압이 없어지면 절감된 심리적 힘이 자유롭게 발산되고 그 결과가 웃음인데 농담을 하는 이 스스로는 대부분 웃지 않고 웃는 이는 모두 듣는 이이다. 이는 왜 그럴까? 프로이트에 의하면 농담을 하는 이는 힘을 들여 억압을 없애야지만 듣는 이는 '억압'에 소모되는 심리적 힘을 절감할 수 있을 뿐 아니라 '억압'을 없애는 데 드는 심리적 힘도 절감할 수 있으므로 순식간에 많은 이들의 심리적 힘이 웃음으로 폭발돼 나오는 것이다. 농담을 하는 이와 듣는 이의 심리적 발산은 다른데, 비유하면 전자의 심리적 발산은 시계의 초침과 마찬가지로 차츰 차츰 전개되는 데 반해 후자의 심리적 발산은 터지는 폭탄처럼 강하게 폭발되어 나온다.

문예와 승화작용

꿈과 위트와 서로 비슷한 것으로 문예가 있는데 역시 무의식의 산물이다. '리비도'의 잠재력은 꼭 해로운 쪽에서 기승을 부리는 것이 아니고 유익한 경로로 개도될 수 있는데 넘치기 직전의 저수지 물을 동쪽으로 흐르게 할 수도 있고 서쪽으로 흐르게 할 수도 있는 것과 같다. 예컨대 아름다움을 아주 좋아하는 이는 화가나 조각가로 배양될 수 있고 꼭 극단에만 가야 하는 것이 아니다. '리비도'의 잠재력이 저수지인 것은 그것이 터져나가는 길과 법률, 도덕, 습속이 상호 충돌되기 때문이다. 하지만 이밖에 터져나갈 수 있는 다른 길이 있는데 한편으로 잠재력을 발산할 수 있고 다른 한편으로 사회적 요구를 만족시킬 수 있다면 일거양득이 아니고 무엇이겠는가? 문예가 바로 이러한 길이다. 많은 훌륭한 예술가는 모두 자기도 모르게 '리비도' 잠재력의 조정을 받은 것이다. 본래 이러한 잠재력은 욕망에 진작 받는 바이지만 그 뒤 그것은 층위가 바뀌어 고상한 정서에 진작이 되는 바이므로 이러한 작용을 프로이트는 '승화'(Sublimation)라고 불렀다. '승화' 작용은 무의식이 인도되어 문예로 발산되는 것인데 횡행하는 도적들이 기율있는 군대로 훈련되는 것에 비유할 수 있다.

결점의 보상

모든 문예는 일종의 '보상'(Compensation)인데 실제 삶에는 결점이 있으므로 상상 속에서 보상을 추구한다. 각 시대, 각 민족, 각 작가가 느끼는 결점은 서로 다르므로 보상이 취해야하는 방법과 형식 역시 서로 다르다. 가장 이른 문예로 신화(Myths)를 들 수 있고 신화는 바로 민족의 꿈이며 바로 사회 전체 공동의 욕망의 표현이다. 원시시대에 인류는 늘 독사와 맹수로부터 고통 받았으므로 고대 그리스신화 속의 헤라클레스는 어떤 괴물을 만나도 모두 이길 수가 있다. 많은 민족의 신화 속의 영웅은 모두 모친이 있지만 부친이 없는데 상고시대 강원(姜嫄)이 대인의 행적을 따라 주(周)태공을 낳고 공자의 모친은 취푸(曲阜) 어느 비구니산에서 기도하며 공자를 낳았다는 것은 중국의 유명한 예이다. 프로이트학파 학자들이 보기에 이는 모두 원시 인류의 '오이디푸스콤플렉스'인데 모두들 암암리에 자신의 모친과 사랑이 발생하므로 부친을 보이지 않는 곳으로 떠민다는 것이다. 근대문학 속에서 성욕의 상징은 특히 현저하다. 셰익스피어는 매리 핏튼(Mary Fitton)에 실연을 당했었으므로 오펠리아(Ophelia)라는 배역을 만들어냈다. 이반 투르게네프(Ivan Turgenev)는 보잘 것 없는 가녀에 매혹 됐었고 그의 소설 속에는 혁명가를 사랑하는 꿈과 열정을 지닌 여성이 많이 등장한다. 이 같은 예들로 볼 때 작가들은 모두 실재한 결점을 뛰어넘기 위해 일종의 환상적 세계를 만들어내는 것으로 위안의 정감을 좇았다는 점을 알 수 있다.

제6장

프로이트(下)

프로이트(下)

신경병과 정신병

프로이트의 무의식 학설은 아주 넓게 응용되지만 그의 주요한 목적은 마음의 병을 치료하는 데 있었다. 마음의 병에는 두 종류가 있는데 첫 번째는 신경병(Neuroses)으로 그 질병은 생리적인 것과 연대적 관계가 있다. 두 번째는 정신병(Psychoses)으로 그 질병은 완전히 심리적인 것이다. 프로이트에 의하면 이는 아래로 다시 분류될 수 있다.

1. 신경병
   1) 현실적 신경관능증(Actual Neuroses)
   ① 신경쇠약증(Neurasthenia)
   ② 불안신경증(Anxiety-Neuroses)

2) 정신신경병(Psycho-Neuroses)

① 전환히스테리(Conversion-hysteria)

② 초조히스테리(Anxiety-hysteria)

③ 강박히스테리(Obsession or Convulsive hysteria)

2. 정신병

① 조발성치매(Dementia Praecox)

② 조울증(Manic-Depressive)

③ 편집증(Paranoia)

프로이트는 이들 질병을 모두 연구했지만 그 평생 정력을 대부분 정신신경병 방면에 쏟았으며 그의 학설 역시 이로부터 출발했다(이 점에 있어서 그는 자네와 매우 유사한데 자네 역시 히스테리로부터 이상심리 연구에 착수했다). 그래서 우리는 이 장에서 그의 히스테리에 대한 공헌만을 소개하며 다른 각종 질병에 대해선 생략하기로 한다.

정신쇠약

정신신경병은 정신쇠약증(Psychasthenia)이라 부르기도 하는데 이러한 류에 포함되는 각종 히스테리는 병의 유래가 모두 '리비도'와 자아 이상이 충돌해서 해결되지 못하는 것이다. 그

발전의 절차를 세 단계로 나눌 수 있다.

(1) 영아적 리비도 고착(Infantile Fixation of the Libido)이다. 영아는 태어나면서 성적 충동을 지닌다. 그의 최초의 성애 대상은 자신의 몸이고 다음은 부모, 형제, 자매이며 마지막이 비로소 친족이 아닌 이성이다. 자음, 동성애, 친족성애 등등 갖가지 성적 '곡해'(Perversion)는 모두 아동의 자발적 충동으로 빚어지는 것이다. 이들 '곡해'는 사회에 용납되지 않으므로 무의식 속으로 억눌려 관념복합체가 된다. 가장 보편적인 관념복합체가 '오이디푸스콤플렉스'이며 즉 아들의 모친에 대한 사랑이다. 무의식은 심층적이며 '오이디푸스콤플렉스'는 무의식의 기층이다.

(2) 억압(Repression)이다. 성인 시기 성욕은 발전이 이미 성숙되고 환경이 적합하면 성적 생활은 정상적으로 진행되며 자발적 요구에 위배되지 않고 도덕습관을 훼손시키지 않으며 즉 정신은 건강할 수 있다. 하지만 특수한 상황 아래서 성적 충동이 자아 이상과 상호 맞지 않으면 이를테면 성애의 대상이 친족이 되거나 도덕법률이 용납할 수 없는 관계가 발생하는데 그 결과는 억압으로 인한 것이다.

(3) 퇴향 혹은 퇴보(Regression)이다. 하지만 성욕충동은 늘 억압될 수만은 없어 방법을 강구해 간접적 만족을 좇는데 위에서 언급한 꿈 및 승화작용이 모두 성욕이 간접적 만족을 추구하는 좋은 예이다. '퇴향' 역시 성욕을 간접적으로 만족시키는 일

종의 방법이다. 이른바 '퇴향'은 바로 성인 시기의 억압된 '리비도' 잠재력이 '퇴향'되어 영아적 리비도 고착(Fixations)으로 귀속되는 것이며 바로 영아가 성적 수요에 대응하는 방법으로 성년 시기의 성욕의 난제를 해결하는 것이다. 영아가 성적 수요에 대응하는 방법은 자연히 성인적 의식은 수용하지 않는 것이므로 우회하는 길로 가서 자아로 하여금 그것의 진면목을 보지 못하게 하며 그 결과는 갖가지의 증상(Symptoms)이다.

한마디로 말하면 히스테리는 모두 성욕의 병이며 그것의 쓰임새는 꿈과 다르지 않은데 질환은 꿈의 드러난 내용과 같고 가짜면모이며 배후에 도덕에 못마땅한 성욕의 경험이 감춰져 있다. 이 이치는 각종 히스테리의 예로 설명하는 것이 가장 좋다.

전환히스테리

정신신경병은 가장 보통인 것이 '전환히스테리'이다. 이른바 '전환'(Conversion)은 바로 쌓인 '리비도' 잠재력이 신체의 모 기관에 전이되어 기관 기능의 장애가 빚어지는 것이다. 모자 가게를 운영하던 어느 부인은 어린 시절 성욕에 있어서의 상처를 많이 받아 남성에 접근하지 못하는 병이 빚어졌다. 하지만 그녀의 남편은 늘 그녀가 꿈을 꾸면서 수음을 하는 것을 봤으며 그녀는 일러줘도 매번 믿지 않았다. 남편은 가게 여점원과 애매한 관계가 발생했는데 주위에서는 그녀로 하여금 여점원을 해고하라고 권했으나 그녀는 마음속에서 시기심이 있었지만 점원을 해고할 수 없었는데 한편으로 남편이 자신에 불성실했다는 것이 믿기지 않았고 다른 한편으론 가난하고 갈 곳 없는 여점원이 일자리를 잃을 것이 걱정스러웠기 때문이다. 어느 날 그녀는 남편과 다른 일로 다툼을 벌였는데 남편이 그녀의 오른팔을 붙잡은 뒤 그녀 손목이 통증으로 인해 마비가 됐다. 오른팔의 마비는 그녀의 히스테리 중에서 가장 현저한 증상이었다. 프로이트에 따르면 이 증상은 두 가지의 성적 충돌의 결과인데 첫째, 그녀의 잠의식적 수음의 충동과 수치스러움 간의 충돌이었다. 둘째, 여점원을 질투한 잠의식과 남편에 대한 믿음 간의 충돌이었고 이 두 가지 충돌이 제대로 해결되지 않아 잠재한 성욕이 신체 기관으로 '전이'됐고 다시 오른쪽 손목의 마비를 불러온 것이었다. '오른팔 마비'는 일종의 조절 방법이었는데 한편으로 그녀는 다시는 꿈속에서 수음을 하지 않았고 다른 한편으로 그녀는 영업을 중단해야 했으므로 질투했던 여점원을 해고할 수 있었다. 바꿔 말해 '오른팔 마비'라는 하나의 증상에는 두 개의 성에 관한 욕망이 숨겨져 있었는데 하나는 수음을 중단한 것이고 하나는 여점원을 해고한 것이다.

초조히스테리

'초조히스테리'와 전환히스테리는 생겨나는 원인이 서로 유사하지만 증상은 다르다. 전환히스테리의 증상은 기관 기능의 장애로 비롯되지만 초조히스테리의 증상은 과도한 초조(Anxiety 혹은 Phobia)라는 것이다. 어떤 환자들은 붉은 빛깔을 보길 두려워하고 어떤 환자들은 혼자 길 가는 것을 두려워하며 어떤 환자들은 결혼 혹은 이성교제를 두려워하는데 프로이트에 따르면 이들 '초조' 배후에는 모두 성적 상처가 숨겨져 있다.

강박히스테리

위 두 가지 히스테리는 여성들에게 가장 보편적이고 남성들에게 가장 보편적인 것은 '강박히스테리'인데 비록 여성도 강박히스테리를 앓지만 그다지 많지 않다. 프로이트는 '강박히스테리'를 '변형적 자책'(Transformed Self-Reproach)이라고 불렀는데 이 병을 앓는 이들은 대부분 어릴 적에 도덕적 이상에 어긋나는 경험이 있고 지금은 한편으로 자책을 하고 동시에 또 그것을 잊고 싶어 한다. 이 두 종류의 심리작용은 상호 충돌하며 자책할수록 잊히지 않고 잊으려 할수록 자책되는데 충돌의 결과가 강박히스테리이다. 이러한 증상은 일종의 조절방법이기도 한데 환자는 한편으로 일을 잊으려하고 다른 한편으론 여전히 스스로를 책망하는 것이다. 하지만 이 자책은 변형적인 것이며 꿈과 마찬가지로 진면모로 표시되지 않는다. 강박히스테리는 괴롭힘(Obsession)이라고도 하는데 무언가가 자꾸 기승을 부린다는 뜻을 내함한다. 이 병을 앓는 이들은 늘 황당무계한 관념 혹은 아무런 의미 없는 행동으로 인해 괴롭힘을 당한다. 예컨대 어느 환자는 늘 손을 씻는 자세(예를 들어 셰익스피어 희극 속의 멕베스 부인)를 하는데 그 자신은 이것이 아무 의미 없다는 것을 알지만 자제할 수 없으며 어떤 힘이 그를 '강박'하는 것을 방불케 한다. 하지만 이러한 동작은 사실 아무런 의미가 없는 것이 아닌데 이를테면 멕베스 부인이 늘 손 씻는 자세를 한 것은 일찍이 그녀가 국왕을 살해하도록 남편을 종용한 것을 자책했기 때문으로 손을 씻는 것은 피의 흔적을 제거하는 것이다. 이러한 히스테리의 근원은 왕왕 유년기에 잠복해있으며 대부분 성욕과 관련된다. 어느 기혼 여성은 늘 솥이라는 관념의 괴롭힘을 받았는데 그녀는 이 솥을 다른 곳으로 옮겨놓지 않고는 집안에서 머물 수가 없었다. 원래 이 솥은 그녀 남편이 비엔나의 스타그(Stag)거리에서 사온 것이었고 그녀는 어린 시절 스타그(Stag)란 이름의 남자아이와 원치 않았던 기억이 있었으므로 솥을 보길 두려워한 증상에는 두 가지 기능이 있던 것인데, 하나는 은연중에 과거를 자책한 것이고 하나는 그것을 잊으려한 것이었다.

양가감정

강박히스테리는 프로이트 심리학 속에서 특별히 중요한데 이 증상을 근거로 그가 매우 중요한 학설을 건립했기 때문이고 바로 '양가감정'(Ambivalency)설이다. 통상적으로 학자들은 사랑(Love)과 증오(Hate)를 서로 섞일 수 없는 물과 불의 두 정감으로 간주했었다. 프로이트는 그렇지 않다고 여겼는데 모든 정감은 이중적인 것이어서 사랑 속에 증오가 몰래 살고 있고 증오 속에 사랑이 몰래 살고 있다는 것이다. 이 이치는 강박히스테리 속에서 가장 쉽게 보아낼 수 있다. 어느 환자는 '접촉기피증'(Touching Phobia)을 앓고 있었는데 마음속에서 늘 타인이 자신을 접촉하는 데에 두려운 관념이 있었다. 원래 그는 어린 시절에 늘 손으로 생식기를 만졌고 뒷날 부모에 제지당하면서 만지는 것이 수치스러운 행동이라는 것을 알고 억지로 그것을 제지했지만 이 관념이 무의식 속에서 여전히 기승을 부렸으므로 접촉기피증이 빚어져 나온 것이었다. 프로이트에 따르면 그는 접촉에 양가적인 정감을 지니고 있었는데 무의식 속에서는 사랑이었고 의식 속에서는 증오였으며 사랑했다는 것은 그것으로 유치한 성욕을 만족시킬 수 있었다는 것이고 증오했다는 것은 그것이 사회적 시각 속에서 불건전하고 청결치 못한 것이라고 여겼다는 것이다.

프로이트의 제자 슈테켈(Stekel)은 양가감정을 '양극성'(Bipolarity)이라고 불렀다. '양극성'은 프리드리히 헤겔(G.W.F.Hegel) 철학에 있어서 '신분의 대립'(Identity of Opposites)이라는 것과 퍽 유사한데 심리학적으로도 꽤 넓게 응용된다. 생물에게는 삶의 본능과 죽음의 본능이 병존하고 남성 속에는 여성이 살고 여성 속에는 남성이 사는데 쾌감 속에도 고통은 있고 고통 속에도 쾌감은 있다. 이것이 모두 '양극성'의 좋은 예이다. '양극성'은 언어학 속에서도 볼 수 있는데 고대언어 속에서는 왕왕 한 개의 글자로 상반되는 두 개의 의미를 표시했다. 고대 이집트 언어 속에서 '빛'과 '어둠'은 한 글자였고 중국어 속에서 '난'(亂)이란 글자는 '치'(治)의 뜻을 겸하는데 이를테면 『서(書)·태서중(泰誓中)』에 '나에겐 치국에 능한 신하 열이 있다'(予有亂臣十人)의 난신(亂臣)이다. '반'(反)이란 글자 역시 '복'(復)의 의미를 겸하는데 『중용(中庸)』에서 '지금 세상에서 살면서 옛 이치를 되돌아본다'(生乎今之世,反古之道)가 또 그렇다. 이것이 모두 언어에 있어서의 '양극성'이다.

토템과 금기

『토템과 금기(Totem and Taboo)』 속에서 프로이트는 '금기'(의미는 '종족적 금기'를 일컫는다)를 강박히스테리에 비유하면서 종교와 도덕의 기원을 모두 양가감정으로 해석할 수 있다고 여겼는데 바꿔 말해 그는 개인심리를 연구해서 얻은 원리를 군중심리로 확장할 수 있다고 봤다.

아프리카와 오세아니아 및 남미의 여러 개화되지 않은 민족 중에는 사회에 대부분 토템제도가 아직 간직돼 있다. '토템'은 큰 부락 혹은 종교의 상징을 대표하는 것으로 이러한 상징은 대부분 이 부락 혹은 종교가 신성하게 받드는 동물 혹은 다른 사물이다. 예컨대 캥거루 토템은 즉 캥거루를 신성한 것으로 받드는 것이고 동일한 토템의 각 구성원은 모두 캥거루를 상징으로 인정한다. '토템'에는 모두 '금기'란 것이 있는데 즉 모든 토템을 침범할 수 없는 금기로 보는 것이다. 가장 보편적인 '금기'에는 두 가지가 있다. (1)동일한 토템에 속하는 이들은 상호 통혼할 수 없다. (2)각 구성원은 그 토템이 받드는 동물을 식용으로 쓸 수 없다. 이 금기를 위반하는 이는 왕왕 토템에 의해 극형에 처해진다.

이러한 제도의 기원이 어디인지에 대해 빌헬름 분트(W. Wundt), 앤드류 랭(Andrew Lang), 제임스 프레이저(J.G. Frazer), 래나크(S.Reinach), 스펜서(W.B.Spencer) 등 사회학자들이 각각의 다른 해석을 내놓았다. 프로이트는 이 두 가지 금기가 모두 '오이디푸스콤플렉스'에서 기원하며 모두 '강박히스테리'와 유사하고 모두 양가감정으로 해석할 수 있다고 여겼다.

우선 친족 통혼금지의 '금기'에 대해 말해보자. 야만민족이 내걸었던 금기는 지금 각 문명국가들도 감히 침범하지 못한다. 이 점은 두 가지 사실을 입증한다. 첫째, 친족 통혼은 인류의 아주 강렬한 일종의 욕망이었고 엄격히 금지해야만 배제될 수 있었는데 이는 영아가 자신의 부친 혹은 모친을 성애의 대상으로 보는 것과 같은 이치이다. 둘째, 아울러 인류는 이 욕망에 대해 아주 강렬한 반감을 지녔는데 그 이유는 사랑하는 사람(가령 부친)이 사랑하는 사람(가령 모친)을 빼앗는 것을 죄악으로 여기는 데 있고 이는 영아의 친족에 대한 성애가 억압되는 것과 같은 이치이다. 한마디로 말해서 원시 인류와 영아는 마찬가지이고 친족 사랑의 정감은 양가적인 것이며 사랑하고 또 증오하는 것이다. '금기' 역시 바로 이러한 양가감정의 표현이다.

제사고기 나눠먹기 예식과 죄악의식

토템동물을 신성불가침하게 보는 것 역시 이러한 양가정감에서 비롯된다. 영아는 강박히스테리를 앓을 때 늘 부친을 미워하는 생각을 동물의 몸 위로 옮겨간다. 예컨대 동물 말을 싫어하는 것은 늘 부친을 싫어하는 것의 상징이다. 원시사회에서 숭배하는 토템동물 역시 실은 부친을 대표한다. 부친에 대해 무의식 속에서 매우 강렬한 시기와 증오가 있으므로 엄격히 금지해야 비로소 시부의 동기를 저지할 수 있다. 토템사회는 비록 상징으로 사용하는 그 동물을 받들지만 신에 제사를 지낼 때는 또 이 동물을 희생물로 바친다. 원시사회 속에서 신에 제사지낼 때는 바로 토템동물을 제사용도로 죽이는 때이고 역시 토템 구성원이 전부 함께 모여 식사의 즐거움을 누리는 때이기도 하다. 제사 뒤 동일 토템의 사람들은 제사지낸 고기를 나누어 먹는다. 제사고기를 나누어 먹는 것은 각종 종교 속에서 모두 극히 큰 예식행사이다. 회식에 참여한 이들은 한편으로 동족의 의식을 이 기회를 빌려 더욱 명료하게 발견하고 다른 한편으로는 또 제사고기는 신이 맛 본 것이므로 그것을 먹으면 신의 보우를 받을 수 있다고 여기는 것과 같다. 프로이트가 보기에, 제사고기를 나누어 먹는 것의 의미는 이 뿐만이 아니다. 토템동물을 희생시키는 것은 원시 인류의 시부의 상징이고 제사고기를 나누어 먹는 것은 인류가 첫 번째로 성공을 경축하는 연회이다. 뒷날 인류 자신은 이러한 행동이 양심에 어긋나는 일이란 것을 깨닫고 그리하여 '죄악의식'(Sense of Guilt)이 이로부터 생겨난다. '죄악의식'은 도덕양심의 맹아이고 또한 즉 종교의 첫걸음이다. 인류는 시부에 대해 '죄악의식'이 일어나고 그리하여 속죄의 방법을 강구한다. 첫 번째 속죄의 방법은 바로 모두들 서로 약속을 해서 부친을 상징하는 동물을 신성불가침으로 받드는 것이다. 두 번째 방법은 바로 부친의 부인을 점령하지 않는다고 서로 약속을 하는 것이다. 이것이 '토템'과 '금기'라는 것의 기원이다. 프로이트의 학설을 이처럼 상세히 설명하면 그 황당무계한 색채가 더욱 농후해지는 것을 면할 수 없다. 하지만 그에는 많은 사실 증거가 있고 독자들은 스스로 『토템과 금기』를 읽은 뒤에야 그에 반박할 수 있다.

정신분석

심리학자들은 프로이트의 무의식학설에 대해 비록 이견을 갖기도 하지만 대체로 그의 '정신분석'(Psycho-Analysis)이 의학적으로 아주 중요한 공헌이라는 점을 인정한다. 정신분석의 요지는 무의식의 내용을 꿰뚫는 것이고 그것을 끄집어내서 쌓여진 관념복합체가 다시 기승을 부리지 않도록 발산시키는 것이다. 그것은 브로이어의 '담화요법' 혹은 '정화요법'(Cathartic Method)의 변형이다. '정화요법'은 최면에의 의지를 필요로 한다. 그것을 구식 최면술과 서로 비교해보면 단지 한 가지 다른 점이 있다. 구식 최면술 속에서는 최면자가 주동적이고 그는 명령을 내려 피최면자로 하여금 그가 암시한 관념을 받아들이게 한다. 정화요법의 최면은 암시에 대해 설명하진 않는다. 그것은 환자가 최면상태 속에 있을 때 의식 검사작용이 느슨해진 틈을 타 그의 억압돼서 망각된 욕망을 끄집어내는 것이다. 프로이트가 창시한 '정신분석'은 '정화법'에서 한걸음 더 나아갔는데 최면이라는 수단 역시 생략했다. 그가 최면을 생략한 것은 낭시학파의 영향을 받은 것이다. 베른하임은 늘 '최면에 걸린 후 암시'(Post Hypnotic Suggestion, 즉 피최면자가 깨어난 뒤 어떤 동작을 하도록 하는 암시)를 받은 이들로 하여금 깨어난 뒤 최면 속의 경과를 추억하도록 했었다. 피최면자는 보통 최면 중의 경과에 대해 대부분 기억할 수 없었지만 베른하임이 깨운 뒤에는 최면 속에서 보고 들은 것을 기억으로 되돌릴 수가 있었다. 프로이트는 이 사실을 근거로 매우 중요한 추론을 했다. 즉 최면 뒤 피망각된 경험을 의식 속으로 되돌릴 수 있다면 무의식 속의 경험 역시 어렵지 않게 되돌릴 수 있을 것이란 점이다. 그의 정신분석법의 기능은 바로 최면을 이용하지 않고 피망각된 경험을 되돌리는 것이다. 이 치료법은 각기 사용하는 이들에 따라 차이가 있다. 프로이트가 사용한 것은 '자유연상법'(Free Association Method)이다.

자유연상법

'자유연상법'을 행할 때 환자는 안락의자 위에 누워야 하고 아주 편안하고 자유롭게 사고하면 되며 의지의 제어가 필요 없이 생각하고픈 것을 생각하면 됐고 조금도 감추거나 회피할 필요가 없다. 분석자는 환자의 뒤에서 기회를 보면서 질문하는데 환자는 자신이 병을 앓게 된 경과, 가정환경 및 과거에 대해 솔직 담백하게 말해야 하고 특히 중요한 것은 아프고 수치스런 일을 감추면 안 된다는 것이다.

'저항'

피망각된 욕망이 의식계로 뛰어 들어올 수 없는 것은 검사작용의 억압에서 비롯된다. 환자는 그 자신의 은밀한 일을 알기를 원치 않고 자연히 의사가 그것을 알기는 더욱 원치 않는다. 그래서 정신분석을 받는 이는 늘 자기도 모르게 분석자를 향해

'저항'(Resistance)을 하면서 감춰진 고충을 말하려하지 않는다. 예컨대 몇몇 환자는 정신분석을 받으려 하지 않고 분석자가 자신을 기만한다고 비아냥대며 혹은 진료 받는 규정시간에 고의로 오지 않기도 했으며 분석자의 진료비가 너무 높다고 불평하기도 했는데 모두 '저항'의 표시였다.

'감정전이'

'저항' 자체 역시 일종의 증상이고 환자는 고의적으로 이러는 것이 아니다. 분석자의 대응에 처방이 있으면 환자의 동감과 믿음을 얻는 것이 어렵지 않다. 환자가 만약 분석자에 동감과 믿음을 갖고 있다면 그를 향해 기피를 하지 않을 뿐 아니라 왕왕 연애에 가까운 관계도 발생할 수 있다. 그의 '리비도' 잠재력은 원래는 어떤 한 사람 혹은 어떤 한 물건에 부착돼 있는 관념(이를테면 '오이디푸스콤플렉스' 속에서는 모친)이었는데 현재 그는 이러한 잠재력을 분석자의 몸 위로 옮겨놓을 수도 있다. 이러한 작용을 '감정전이'(Transference)란 용어로 부른다. '감정전이'는 치료의 첫걸음이다. 환자의 정신이상은 본래 성욕이 부적당한 대상 위로 고착된 데서 비롯된다. 이른바 '감정전이'는 바로 이러한 고착을 깨뜨리는 것이고 바로 병의 근원을 떼어내는 것이다. '리비도'의 잠재력이 분석자에게 전치된 뒤 분석자는 그것을 환자에게 해부해 보여주고 그 자신이 괴롭힘을 당했던 잠재력을 다른 비교적 유익한 활동에 이용하도록 가르쳐 인도하는 것이다. 예컨대 사랑의 욕구가 있는 환자에 대해 분석자는 방법을 찾아 그가 적당한 대상을 찾을 수 있도록 도울 수 있고 혹은 승화작용을 이용해서 그가 '리비도'의 잠재력을 문예, 종교 혹은 직업 방면에 발산하도록 인도하는 것인데 분석자의 직무는 치료에 그치는 것이 아니라 치료 이후도 방법을 강구해 환자로 하여금 그 뒤 같은 질병이 재발하지 않도록 해야 하고 분석 뒤에 '재교육'(Re-education)이 계속돼야 한다.

프로이트 학설에 대한 비평: 그의 공헌

프로이트의 가장 큰 공헌은 정신분석법을 발명해 정신병을 치료한 데 있다. 그 학리적 근거가 어떠하든 언어로 실효를 거둘 수 있다는 점은 정신분석법의 기능이 세상에 이미 공인된 것이다. 심리학에 대한 프로이트주의의 공헌에 대해선 1924년 5월호 미국 〈심리학 평론(Psychological Review)〉 속에 4편의 논문이 있는데 설명이 퍽 상세하다. 루바(J.H.Leuba)는 새로운 심리학에는 4가지 경향이 있는데 모두 프로이트주의의 영향을 받았다고 여겼다. 첫째, 심리학의 기존 관념이 이미 돌파됐는데 현재 심리학자들은 행위의 정합적(integrated)이고 동력적(dynamic)인 두 방면에 많은 주의를 기울이고 있다. 무의식 심리학이 연구하는 인격 전체의 움직임 및 그 동기가 중심이다.

이 점에서 볼 때 그것은 행동주의 및 기능주의와 퍽 유사한 기조도 있다. 둘째, 프로이트는 극단적인 결정론을 주장하므로 심리학을 매우 엄밀한 과학으로 간주한다. 그는 심리 역시 물리와 마찬가지로 그 속에는 '우연'이란 것이 없고 하나하나의 운동과 정지가 모두 사전의 원인이 있다고 한다. 셋째, 예전의 심리학은 과거경험을 많이 홀시했는데 프로이트학파가 비로소 과거경험이 시시각각으로 현재의 행위를 지배한다는 점을 입증했다. 물리적으로 물질에너지가 멸하지 않는다면 심리적으로는 경험이 멸하지 않는다. 요컨대, 정신적 삶은 연계가 되어 있고 이유 없이 요동치는 것이 아니다. 넷째, 프로이트 학설은 '인격'(Personality) 연구에 대한 관심을 불러 일으켰다. 서스턴(L.L. Thurstone)은 예전 심리학자들은 순간적인 심리상태(Momentary Mental States)만을 연구했는데 프로이트학파는 장구적인 삶의 관심(Permanent Life Interest)을 연구하며, 예전 심리학자들의 보편적 공식은 '자극-주체-행위'였는데 프로이트의 공식은 '주체-자극-행위'라고 했다. 이 역시 그가 인격문제를 특히 중요시했다는 점을 말하는 것이다.

그의 결점

프로이트의 학설이 세상에서 성행한 뒤로 추종자들이 아주 많은데 공격하는 이들도 적지 않다. 비교적 영향력 있는 비평으로는 자네(『심리치료』 참조), 맥두걸(그의 『이상심리학 대요』 참조)과 그 자신의 제자 융과 아들러(이 책 제 7장과 제8장에서 다룬다) 등을 꼽을 수 있다. 그의 가장 큰 결점은 그의 범성욕주의(Pansexualism)이다. 종족 보존에 관한 성욕의 중요성을 심리학자들도 공인하고 있지만, 프로이트처럼 그것을 모든 이상심리작용의 내원으로 보는 것은 지나친 견강부회(牽强附會) 아니냐는 것이다. 그의 '무의식'이란 하나의 개념 역시 대단히 애매하다. '무의식'은 의식에 발각될 수 없으므로 그 존재는 추측할 수는 있지만 입증할 수는 없다. 프로이트학파 학자들은 그것의 성질에 대해 시종일관 명료하게 설명을 하지 않는다. 예컨대 '욕망'과 '관념'은 모두 의식작용인데 프로이트학파 학자들은 늘 '무의식적 욕망'과 '무의식적 관념' 등 명사를 사용한다. 실은 '무의식적 의식'이란 말과도 다를 바 없는데 이것이 자기모순을 드러낸 것 아니냐는 비평도 있다.

그의 꿈의 해석의 억지성

프로이트의 무의식설은 꿈의 연구에 기반하는 데 우리는 그의 꿈의 해석에 대한 맥두걸의 분석을 따라가 볼 경우 적지 않은 난점을 발견할 수 있다.

(1) 무의식이 왜 '검사작용'을 피해 의식계에 나타나려고 하는 것인가? 프로이트는 그것이 쾌감을 좇는다고 말한다. 하지만 관

념복합체가 쾌감을 좇아 의식계로 들어서려한다는 것이라면 이해하기 어렵다. 욕망이 관념복합체로 억눌렸다는 것은 프로이트에 의하면 불쾌감을 띤 것인데 지금은 또 그것 스스로가 의식계로 들어서는 쾌감을 추구한다는 것은 서로 앞뒤가 맞지 않는 것 아니냐는 것이다. 프로이트에겐 그의 '쾌락원칙'이 맥두걸이 일컬은 목적적 시각(hormic view)과 혼동되어 있다. 하지만 '쾌락원칙'은 실은 즉 제러미 벤담 이래의 쾌락주의적 시각(hedonistic view)에서 비롯된 것이고 목적적 시각과는 상호 융합될 수 없다. '쾌락주의'는 쾌감과 불쾌감을 행위선택의 원인이나 동기로 삼는 것이고 '목적적 시각'은 쾌감과 불쾌감을 행위가 발산을 하거나 제지된 것으로 인한 결과인 것으로 보는 것이므로 양자는 상반되는 것이다.

(2) 프로이트는 '검사작용'(Censor)과 '자아'(Ego)라는 두 개의 명사를 혼란스럽게 사용했다. 종종 그는 이 두 개를 동일한 것으로 간주하는데 그것들은 모두 성욕을 억누르는 것들이다. 하지만 꿈의 해석에서 그는 또 '자아'와 '검사작용'을 구별 지었는데 '검사작용'은 꿈의 감춰진 생각을 통찰해서 그것이 의식계에 그대로 노출되는 것을 방지할 수 있지만 '자아'는 꿈의 감춰진 생각을 통찰할 수 없고 꿈의 감춰진 뜻은 늘 '자아'를 회피하는데 그것의 도덕의식이 놀라는 것이 걱정되기 때문이라고 하였다. 꿈의 부도덕으로 놀라는 것이 실로 '자아'인 것일까? 브릴(Brill)은 21명의 환자를 치료하면서 그들이 모두 꿈에서 자신의

모친과 성적 관계가 발생한 적 있으며 완전히 화장이란 것이 없었다는 점을 발견했다. 그렇다면 프로이트의 '검사작용'은 이때 또 어디로 간 것일까?

(3) 프로이트는 꿈은 변장을 통해 수면을 보호하고 도덕적 쇼크(Moral Shock)가 생기지 않게 한다고 했다. 많은 이들이 늘 꿈에서 놀라 깨어나는 것은 이 설이 근거가 확고하지 않다는 점을 입증한다.

(4) 프로이트는 꿈속에서 사용된 상징이 모두 생식기 혹은 성적 관계라고 여겼으며 그는 또 이들 조상에게서 유전돼온 것이라고 하였다. 동굴과 황야에서 생활하던 야만인들에게 남성의 상징인 '우산'이 어디 있었고 여성을 상징하는 '옷장'이란 게 어디 있었을까?

(5) 1차 세계대전 중에 병사들은 늘 꿈속에서 전쟁이 재연되는 상황의 꿈을 꾸었다. 이러한 '전쟁꿈'은 프로이트의 학설로 해석할 수 없다.

(6) 많은 꿈은 프로이트의 방법으로 해석할 수 없는데 이를 우리는 융과 맥두걸의 저작을 보면 알 수 있다.

우리는 '꿈'만을 가지고 비평을 했는데 프로이트의 책을 읽는 독자들은 곳곳에서 의심을 해 봐야 하고 너무 과신해서는 안 된다. 기실 그의 학설은 매 부분마다 이처럼 세세히 비평을 할 수 있고 매 부분에 대해 이처럼 세세히 비평을 받은 바 있다.

생리적 근거의 결여

프로이트에겐 또 하나의 결점이 있는데 바로 심리학에 대한 생리적 기초에 대해 설명이 없다는 것이다. 그는 『꿈의 해석』에서 억압작용을 논할 때 무의식의 생리적 기초에 대해 자신할 수 없다고 자인하면서 장차 누군가 신경세포의 움직임을 가지고 무의식 작용을 해석하기를 바란다고 한 바 있다(Interpretation of Dreams, p.472). 이 말에 비추면 그는 심리작용에는 생리적 기초가 있다는 점을 인정한 것이다. 그는 단지 억압, 변장, 검사, 승화만을 말했지 이들 작용이 현재 생리과학에서 근거를 찾을 수 있는지에 대해선 언급하지 않았다. 예컨대 그는 '리비도'를 완전히 성욕의 잠재력으로 봤는데 미국의 심리학자 칼 래슐리(K.S.Lashley)는 이러한 견해가 생리학적 증거와 상호 부합하지 않는다고 여긴다(1924년 5월 미국 〈심리학 평론〉 중 「'리비도'의 생리적 기초」 참조).

제7장

융

융

비엔나학파와 취리히학파의 논쟁

프로이트의 제자 중에 융(C.Y.Jung), 아들러(A.Adler)와 슈테켈(W.Stekel)의 3명이 가장 중요하다. 융은 스위스 취리히학파(Zurich School) 정신병학자들의 지도자이고 아들러와 슈테켈은 프로이트와 마찬가지로 비엔나 사람이다. 프로이트는 융을 특히 좋아했으므로 융은 비엔나학파 학자들의 질투를 샀다. 하지만 융은 비록 학파내에 머무는 바람이 있었지만 그의 주장은 왕왕 스승과 맞지 않았다. 따라서, 프로이트 자신과 제자, 제자와 제자끼리 많은 시기와 갈등, 고집이 배태되어 나왔으며 결과적으로 비엔나학파와 취리히학파가 적대적이 됐을 뿐 아니라 아들러가 독립해 나갔고 융과 프로이트 역시 끝내 사이가 벌어졌다. 우리들은 프로이트가 직접 저술한「정신분석운동의 역사 (The History of the Psychoanalytic Movement)」를 보면 그다지 개운치 않은 느낌을 금하기 어려운데 이 정신분석학 선구자의 언급 속에서는 누가 어떤 주장을 먼저 혹은 늦게 발표했느냐, 누가 정통이고 누가 아류인지 등등을 둘러싸고 서로가 서로를 시기하는 것이 동네 아낙네들보다 더했다. 이는 과학의 역사에서 매우 드문 현상이다.

융과 프로이트의 구별

융의 학설은 프로이트의 무의식설을 근거로 확충하고 수정한 것이다. 우리는 이 두 사람의 기본주장을 상호 비교해보면 한편으로 프로이트의 결점을 보아낼 수 있고 다른 한편으로 융의 특별한 공헌 역시 명료해질 수 있다.

개인적 무의식과 집단적 무의식

(1) 프로이트는 무의식을 연구하면서 환경에 주목했고 개인적 심리발전의 과정에 주의를 기울였다면 융은 무의식을 연구하면서 유전에 주목했으며 인류 전체의 심리발전의 역사를 가져와 종합적으로 사유했다. 프로이트에 따르면 정신은 네 가지 성분으로 나뉜다. 1) 본능이다. 가장 중요한 것은 성욕본능이고 그

다음은 자아본능이다. 이 두 개의 본능은 유전될 수 있지만 무의식은 아니다. 그것들은 무의식을 빚는 원인일 뿐이다. 본능이 있으므로 욕망이 있고 욕망은 의식의 검사작용에 의해 억압되므로 무의식이 있다. 2) 의식이다. 현재의 모든 지각을 포함한다. 3) 전의식이다. 이미 지각했지만 지금은 기억으로 되돌리지 않으며 의식으로 자유롭게 재현시킬 수 있다. 4) 관념복합체이다. 억압된 욕망으로 정조(Affect)와 관념(Idea)의 두 가지 성분을 포함하므로 '관념복합체'라고 부른다. 완전히 개인의 삶 속에서 형성되므로 영아가 세상에 날 때는 관념복합체란 것은 없다. 욕망과 환경의 영향이 상호 충돌하는 데서 발생하므로 그것은 유전되지 않는다. 융은 프로이트가 관념복합체를 너무 협소하게 봤다고 여겼다. 인류는 탄생시부터 지금까지 이미 무수한 역사가 있고 매 개인은 모두 이 무수한 역사의 계승자라는 것이다. 이 무수한 역사 속에서 인류가 받은 환경의 영향, 얻어낸 인상, 양성된 습관과 수요가 모두 유전의 영향으로 인해 각 개인의 정신 깊은 곳에 내장된다는 것이다. 이러한 인류 전체의 '족보'가 실로 관념복합체의 가장 큰 부분을 형성하므로 융은 무의식을 두 종류로 나눴는데 하나는 '개인적 무의식'(Personal Unconscious)이고 다른 하나는 '집단적 무의식'(Collective Unconscious)이며 개인적 무의식에는 두 가지 성분이 있다. 1) 망각한 경험이며 프로이트의 '전의식'에 상응한다. 2) 억압된 욕망이며 프로이트의 관념복합체에 상응한다.

집단적 무의식

하지만 '개인적 무의식'이 그에겐 단지 무의식의 작은 일부만을 차지하며 그 대부분은 '집단적 무의식'이다. '집단적 무의식'은 두 개의 요소를 포함한다. 1) 본능이다. 융에겐 프로이트와 마찬가지로 본능에 근본적으로 두 가지가 있는데 하나는 종족 대대로 이어지는 데 쓰이는 것으로 즉 성욕본능이고 하나는 개인을 보존하는데 쓰이는 것으로 즉 영양섭취본능(Nutritive Instinct)(프로이트의 '자아본능'에 비해 좀 협소하다)이다. 2) '태고적 인상'(Primodial Images)이다. '태고적 인상'은 인류가 원시시대로부터 축적한 인상으로 그 종류가 아주 많다. 가장 보편적인 것이 신화(Myths)이다. 신화의 발생은 원시 인류가 자연현상에 대해 과학적 해석을 내릴 수 없어 갖가지 신비하고 기괴한 것을 상상해낸 데에서 비롯되는데 바람, 구름, 천둥, 번개, 초목, 조류, 맹수 등등이 모두 신의 작업이라고 여겼으며 이러한 신화가 현대에서는 아주 적은 사람들만이 믿지만 그것이 무의식중에 저장돼 있어 늘 꿈속에 나타난다는 것이다. 프로이트는 꿈은 대부분 어린 시절의 성적 경험이 숨겨져 있다고 여겼고 융은 꿈의 내원은 더 멀리 역사 속에 있으며 어린 시절만이 아니라고 하였다.

사유의 원형

인간은 태어나면서 각종 '사유의 원형'(Archetypes of Thought)을 지니므로 경험이 없이도 모든 일엔 원인이 있다거나 이것은 저것과 다르다거나 저것이 그것보다 크고 이것은 그것보다 작다는 것 등등을 알 수 있다. 이러한 류의 지식은 철학적으로 '선험적 지식'(A Priori Knowledge)이라 하는데 '사유의 원형'은 바로 '선험적 지식'을 직각해내는 능력이고 바로 '태고적 인상'의 일종이며 역시 '집단적 무의식'의 일부이기도 하다. 융이 보기에, 과학자의 발명과 예술가의 창작은 모두 개인의 노력에만 기댄 것이 아니고 그들이 마지막으로 기댄 것은 모두 '태고적 인상'이다. 그래서 그들은 늘 자각적 마음의 깊은 곳을 스스로 측량할 수 없다. 일반인들이 보기에, 그들은 신의 도움을 받은 듯 하고 영적인 느낌(Inspiration)을 얻은 것인데 실은 그들이 조상 덕을 본 것이라는 말이다. 예컨대 독일 과학자 마이어(Mayer)가 발명한 에너지보존의 법칙이 좋은 예이다. 마이어는 결코 물리학자가 아니며 깊은 탐색을 거친 것도 아니었다. 그는 어느 날 배 위에 앉아 시간을 보내다 신비한 광채가 머릿속에서 번뜩이면서 에너지불멸의 이치를 깨달은 것이었다. 그래서 융은 '에너지 불멸'이라는 것은 원시인류에게서 이미 축적됐던 인상이라고 말했다. 각종 종교적 '영혼' 관념이 바로 '에너지'의 갈피의 틀이고 '영혼 순환'은 바로 '에너지 불멸'적 갈피의 틀이다. 각 개인의 무의식 속에는 모두 이 태고적 인상이 존재하지만 마이어의 무의식 속에서 이 태고적 인상은 상황이 꼭 들어맞으면서 의식 위로 용솟음쳐 나온 것이었다.

Persona와 Anima

각 개인의 의식내용은 서로 각기 다르고 각 개인의 무의식 내용 역시 일치하지 않으므로 각자에겐 '개성'이란 것이 있다. 융은 의식적 삶의 개성을 페르소나(Persona)라 했는데 '인물배역 혹은 인격'의 뜻이며 이는 환경이 만드는 것이고 스스로 생각할 수 있으며 옆 사람이 성격을 보아낼 수 있다. 무의식적 삶의 개성은 아니마(Anima)인데 '영혼'이란 의미로 이는 무수한 역사 속의 먼 조상에게서 유전돼온 것이다. 페르소나와 아니마는 늘 상반되는데 그 상반됨으로 인해 서로를 보상할 수 있다. 우리는 페르소나를 '피상'(皮相)이라고 할 수 있고 아니마는 '골상'(骨相)이라 할 수 있다. 피상이 여성적이면 골상은 늘 남성적이며, 피상이 남성적이면 골상은 여성적이다. 피상이 정감에 편중되면 골상은 이성에 편중되며, 피상이 이성에 편중되면 골상은 정감에 편중된다. 다른 것도 이와 비슷하다. 우리가 깨어날 때 표현하는 심리활동은 페르소나이고 꿈을 꿀 때 표현하는 심리활동은 아니마이다. 꿈은 현실생활의 결함을 보상하고 무의식은 의식의 결함을 보상하는 것이다.

성욕관과 능력관

(2) 프로이트가 견지한 것이 '성욕관'(Sexual View)이었다면 융이 견지한 것은 '능력관'(Energic View)이었다. 프로이트는 '리비도'(Libido)가 전부 성욕의 잠재력이고 성욕이 태어나면서부터 있다고 여겼다. 영아는 성욕적 수요에 대처해 왕왕 곡해 (Perversion)를 하고 '리비도'를 '자음', '동성애', '친족성애' 및 기타 갖가지 예사롭지 않은 환상들(phantasies)에 고착하는데 그래서 각종 '관념복합체'가 형성되어가고 그중 가장 중요한 것이 '오이디푸스콤플렉스'인데 이것이 무의식의 기층이다. 성인은 성욕 발달이 완전할 때 만약 적합한 이성대상을 만나면 성적 생활이 일반적일 수 있지만 그렇지 않으면 '리비도'가 영아기로 '회귀' 혹은 '퇴향'(Regress)돼 영아기에 고착됐던 예사롭지 않은 관념복합체가 다시 활동하기 시작하며 그 결과는 각종의 신경병이다.

융은 이 몇 가지 논점에 대해 완전히 동의하진 않았다. 첫째, '리비도'는 생명력의 총칭으로 베르그송의 '생의 약동'(Élan Vital)에 해당하며 성욕충동은 그중 하나의 요소라는 것이다. 인류는 탄생했을 때는 '리비도'가 전부 성욕일는지도 모른다. 하지만 문명이 갈수록 나아지고 생활이 갈수록 다양해지면서 인류는 '리비도'의 잠재력을 약간 끄집어내 성욕 이외의 수요에 대처해야 한다. 그것이 오래되면 이 끄집어내진 '리비도'는 성욕충동과 반대위치에 놓이는데, 이를테면 영양섭취본능이 이러한 성질을 띠는 것이다.

둘째, 성욕은 사춘기에 비로소 발견되고 영아가 나타낸 유사한 성욕만족 추구의 동작은 엄격히 말하면 성욕의 표현이 아니라는 것인데 예컨대 영아가 젖을 먹는 것을 프로이트는 성욕의 표현으로 간주했지만 융은 영양본능이고 성욕과 무관하다고 여겼다. 프로이트에 의하면 영아기에서 사춘기까지 성욕은 하루가 다르게 강화되는데 우리는 왜 영아기와 사춘기 사이에 성욕의 흔적을 그다지 보아낼 수 없는 것일까? 프로이트는 이 기간을 '잠복기'(Latent Period)라고 했는데 무엇을 성욕의 잠복기라고 할까? 프로이트는 상세히 언급하지 않았다. 융은 영아기에 진정한 성욕이 있다는 것을 부인했으므로 잠복기를 가정할 필요가 없었다.

셋째, 융 역시 '오이디푸스콤플렉스'의 존재 및 그 중요성을 인정했다. 하지만 그것은 영아의 개인 삶의 과정 속에서 형성되는 것이 아니고 특히 친족성애의 표현이 아니라고 여겼다. 그것은 실은 '집단적 무의식' 속에 존재하고 원시로부터 유전돼온 '태고적 인상'이라는 것이다. 바꿔 말해, 융에게 있어 모친을 얻기 위해 시부하는 것은 원시시대에 어쩌면 보편적인 경험이었을 수 있으므로 '오이디푸스콤플렉스'는 단지 아주 먼 종족적 기억일 뿐이다.

넷째, 융과 프로이트는 모두 신경병이 회귀작용 혹은 퇴향작용(Regression)에서 비롯된다고 여겼다. 하지만 프로이트가 일컬은 '퇴향'은 성욕의 '퇴향'이고 '리비도'가 영아기로 되돌려지면서 영아기의 예사롭지 않은 성적 환상이 다시 발동하는 것이다. 융이 일컬은 '퇴향'은 '생명력'의 퇴향이고 영아기로 퇴향할 뿐 아니라 이따금 인류의 원시시기로도 퇴향하며 퇴향의 경로는 성욕일 뿐 아니라 이따금 성욕과 무관한 원시적 경험이다. 융은 프로이트를 비평하면서 프로이트가 아동기의 성욕을 신경병의 오랜 이유로 간주하는데 실은 그가 일컬은 예사롭지 않은 성욕적 환상은 보편적인 경험이므로 일부 사람들에게만 신경병으로 발전하는 것이 아니라고 여겼다. 프로이트는 이 문제에 주목하지 않았다. 융은 신경병을 해석하면서 환자의 현재 환경적 응 능력에 주의를 기울였다. 생명은 시시각각 앞으로 나아가고 환경에 대응하는 '리비도' 역시 시시각각 밖을 향해 발산된다. 환경이 만약 곤란하면 '리비도'의 흐름은 중지된다. 평상인들에게 '중지'는 '축적'이고 '리비도' 축적이 많아지면 그 힘이 갈수록 커지므로 끝내 환경의 곤란을 이겨내는 것으로 발산된다고 여겼다. 하지만 신경쇠약을 앓는 이들에게 어쩌면 환경은 정복할 수 없고 '리비도' 중지는 즉 퇴조가 되며 '퇴향작용'이 생겨 신경병을 낳는 것이다. 한마디로 말해 신경병의 발생은 '삶의 작업의 미성취'(Nonfulfillment of Life's task)에서 비롯된다는 것이다. 이 말을 어떻게 해석해야 할까? 환경은 날로 변화하므로 삶의 작업은 시시각각 새로운 노력과 새로운 적응방법이 필요하다. 하지만 이따금 곤란한 경우를 만나게 되면 우리는 새로운 적응방법을 찾아낼 수 없고 그래서 영아기 혹은 인류 야만기의 낡고 무용한 방법을 가져와 새로운 환경에 적응시키는 것이다. 그래서 신경병이 생기는 것은 약자가 꾀를 내는 방법이고 저항력이 가장 적은 경로를 향해 진행된다. 이러한 이치를 하나의 비유를 들어 설명할 수 있다. 어린아이가 처음 학교에서 두통이 생기면 조퇴허가를 받을 수 있게 되는데 뒷날 공부하는 것이 너무 어려워 머리가 아프다는 핑계로 조퇴하고 싶은 것이다. '퇴향작용'은 바로 공부가 두려운 것으로 인해 두통으로 퇴향되어 힘을 쏟을 수요를 회피하는 것이다.

인과관계와 최후결과

(3) 융과 프로이트는 모두 꿈을 무의식의 산물로 여겼지만 그들의 주장에는 두 가지 중요한 차이점이 있다. 첫째, 프로이트는 꿈이 과거 욕망의 변장이고 왕왕 영아기에서 발원한다고 간주했지만 융은 꿈이 '태고적 인상'의 재현이자 대부분 인류의 태고적 생명에서 발원한다고 간주했다. 둘째, 프로이트는 단지 꿈의 원인을 추궁했으므로 그의 해석은 완전히 객관적이었지만 융은 꿈의 목적을 탐구했으므로 그의 해석은 주관적인 것이었다. 이 두 가지 차이점은 실은 모두 '집단적 무의식'의 존재 여부로부터 출발한다. 좀 더 상세히 말하면 이 이치를 또렷이 알

수 있다.

하나의 사실을 또렷하게 해석하기 위해서는 우리는 그것의 원인을 물어야할 뿐 아니라 그것의 목적도 물어야 한다. 단지 원인만을 탐구하고 목적을 등한시한 것은 프로이트의 결점이다. 예컨대 큰 절이 하나 있는데 프로이트는 단지 그것을 벽돌과 기와와 진흙으로 분석하고 그것이 어떻게 구성됐는가를 설명했다. 하지만 융은 한걸음 더 나아가 이 절이 어떻게 구성됐고 그것의 쓰임새는 어디에 있는가를 물었다. 융의 용어로 말하면 프로이트는 단지 '인과관계'(Causality)에 착안했다면 융 자신은 '최후 결과'(Finality)를 탐구했다. 이 차이는 아래를 보면 자연스레 분명해진다.

어느 젊은 환자가 이 같은 꿈을 하나 꾸었다. 자기도 모르는 어느 밭 안의 나무 위에 달린 사과를 따기 위해 온 몸을 위로 뻗히는데 누군가에게 보여진 꿈이었다. 환자가 연상해낸 이 꿈의 기억은 어린 시절이었고 그는 남의 집 밭에서 두 개의 과실을 몰래 따먹은 것이다.

이에 대해 융은 말하길 "이 꿈속의 요점은 양심에 못마땅한 일을 했다는 느낌이고 그는 따라서 어느 과거에 겪은 하나의 상황을 떠올린 것이다. 그는 길 위에서 단지 초면이 있던 사이에 불과한 소녀와 이야기를 나눴었는데 어느 잘 아는 남성을 길에서 만났으며 홀연 미안하다는 생각이 들었고 마치 나쁜 일을 한 것 같은 느낌이었다. 이 사과가 꿈에 나온 것은 『창세기』속의 아담과 이브가 금과를 훔쳐 먹고 낙원에서 쫓겨난 이야기가 연상된 것이었으며 금과를 훔쳐 먹은 결과로 이처럼 엄벌을 받아야하는지 이해할 수 없기도 했다. 그는 늘 이 같은 사실로 인해 화가 치밀었고 하느님이 너무 야박하다고 생각키도 했는데 인간의 탐욕과 호기심 역시 하느님이 그에 준 것이었기 때문이다. 그가 연상해낸 또 다른 것 중 하나는 바로 그의 부친이 늘 어떠한 일들로 그를 혼내 켰었고 그는 영문을 알 수 없던 것이다. 그가 부친에게서 가장 크게 혼난 것은 어느 부녀자가 목욕을 하는 장면을 지켜본 뒤였다."

"이 일은 또 다른 하나의 회상을 이끌어내기도 했다. 환자는 최근에 어느 하녀에게서 야릇한 느낌을 받았었는데 어떤 결과가 있진 않았지만 며칠 전 그녀와 한차례 만남을 갖기도 했었다"는 것이다.

환자의 이 같은 연상에 대해 만약 프로이트에 의거한다면 그것은 꿈꾼 이가 며칠 전에 하녀와 만남을 가졌는데 그의 욕망을 실현하지 못했고 사과를 딴 것이 바로 이 욕망의 상징이었다.

융은 성욕을 만족하는 상징은 아주 많은데 왜 그가 하필 층계에 오르는 꿈을 꾸지 않았고 열쇠로 문을 여는 꿈도 아니었으며 왜 하필 배를 타는 꿈도 아니었고 단지 사과를 몰래 따먹은 꿈이었는가에 의문을 가졌다. 그는 만약 환자가 열쇠로 문을 여는 꿈을 꿨다면 그에게 있던 경험 재료는 완전히 다른 것인 것이며 아담, 이브가 징벌을 받은 이야기가 없었다면 사과를 몰래 따는데 '죄악의식'도 없었을 것이라고 믿었다. 게다가 며칠 전 길가에서 어느 소녀와 이야기를 주고받던 때의 그 불안감도 연상되지 않았을 것이라는 의문을 가졌다. 그가 꿈에서 사과를 훔친 것은 '죄악의식'이 무의식 속에서 용솟음친 것에서 비롯되며 그의 꿈은 그가 하인과 사통하는 것을 경고한 것이라고 융은 믿었다. 환자는 평상시 주위 사람들의 유사한 비정당행위를 보고 의식 속에서는 그것을 대단치 않은 일로 여겼는데 그의 도덕의식이 습속이란 것에 의해 무뎌졌기 때문이었다. 하지만 무의식 속에서는 오랜 역사 속에서 이어져온 성도덕 관념이 있었으므로 여전히 무의식 속에서 그에게 경고를 할 수 있던 것이었다. 이로 볼 때 융의 견해는 프로이트와 대체로 상반되는데 프로이트는 꿈이 부도덕하고 의식의 검사가 도덕적이라고 간주했지만 융은 꿈이 도덕적이며 의식의 부도덕을 '보상'하는 것이라고 여긴 것이다.

융은 또 그 자신의 해석은 주관적이고 프로이트의 해석은 객관적이라고 말하기도 했다. 위의 예를 다시 들면, 프로이트가 보기에는 사과를 훔친 것은 현실상황을 대표하지만 융이 보기에 그것은 꿈꾼 이의 인격 속의 일부만을 대표하는데 즉 무의식 속의 성도덕 관념이고 바로 그가 일컫은 아니마이다. 아니마적 상징은 꼭 꿈꾼 이의 생활 속의 경험이 아닐 수 있으므로 '태고적 인상'이라고 할 수 있는 것이다. 그래서 꿈과 신화에 사용된 상징은 왕왕 서로 같다. 예컨대 위에서 사과를 훔친 예와 『구약

성서』속의 금과를 훔친 예는 모두 '죄악의식'의 '태고적 인상'을 대표한다.

의식의 결함을 '보상'하는 것이 바로 무의식의 목적이고 바로 꿈의 '최후결과'이다. 프로이트 학설은 비록 유사한 많은 상상들이 있기는 하지만 실은 그가 사용한 것은 완전히 경험과학적 방법이고 완전히 기계적인 인과관계적 시각이다. 융은 심리학이 연구하는 현상에는 모두 '목적' 혹은 '최후결과'란 것이 있어야 하고 과학적 방법에만 완전히 의지할 수는 없는데 과학은 단지 원인만을 탐구하기 때문이라는 견해를 갖고 있었다. 이 점에 관해 심리학자들의 의견은 퍽 일치하지 않는다. 어떤 이들은 '목적'을 논하진 말아야 한다고 주장하고 어떤 이들은 '목적' 역시 과학적 방법으로 연구할 수 있는 것이라고 주장한다.

두 학파의 정신분석법

(4) 프로이트는 신경병 내원이 억압된 성욕이므로 정신분석이 병을 치유할 수 있는 것은 그것이 억압된 욕망을 의식안으로 불러낼 수 있기 때문이라고 여겼다. 그는 그래서 정신분석법을 '정화법'이라고 불렀다. 융은 신경병이 억압된 성욕에서 비롯된다는 점을 부인했지만 정신분석에 병 치료의 효과가 있다는 점은 인정했는데 무슨 뜻일까? 그가 보기에 신경병의 발생은 '리비도'의 잠재력이 '퇴향작용'으로 인해 유아기 혹은 원시시기

'관념복합체' 위로 부착되기 때문이어서 정신분석이 병을 치유할 수 있는 것은 바로 그것이 관념복합체에 부착된 '리비도'로 하여금 자유를 회복하도록 해서 의식의 지배를 다시 받게 할 수 있기 때문이다.

단어연상법

기술적으로 볼 때 융이 사용한 정신분석은 프로이트와 단지 작은 차이만이 있다. 프로이트는 전적으로 '자유연상법'(Free Association Method)이었지만 융은 빌헬름 분트(W. Wundt)의 '단어연상법'(Word Association Test)을 개량해서 자유연상이 달성하지 못한 곳을 보충했다. 이 방법은 현재 퍽 넓게 응용되는데 간략히 절차를 설명해본다. 그는 100개의 '자극단어'(Stimulus Words)를 골랐는데 이를테면 '머리', '푸르다', '죽다', '배', '병', '돈', '키스', '친구', '꽃', '문', '목욕', '결혼', '그림' 등등이었고 분석자는 각 자극단어들을 읊으면서 피분석자로 하여금 자극단어가 환기하는 '연상단어'(Association Word) 혹은 '반응단어'(Response Word)를 꾸물대지 않고 빠르게 말해내도록 하는 것이었다. 자극단어가 반응단어를 환기하는데 필요한 시간을 '반응시간'(Reaction Time)이라고 한다. 심리가 정상인 사람은 매 글자에 필요한 반응시간이 3초가량이다. 예컨대 누군가 '물'이란 단어에 '배' 혹은 다른 글자로 답하는데 3초를

넘기지 않는다는 말이다. 이따금 어떤 단어에 필요한 반응시간은 특히 긴데 이는 바로 그것과 무의식 속의 관념복합체가 관련되는데서 비롯된다. 자극적 단어는 마음속에 감춰진 일을 흥분시키고 정감을 불러일으키지만 동시에 의식작용이 또 방법을 강구해 덮고 감추므로 반응에 필요한 시간이 비교적 길다. 어떤 이는 45초가 지난 뒤 '나무'라는 반응단어를 환기했다. 그는 유명한 작가였고 그의 책 속에 '나무'란 단어는 두 차례밖에 나오지 않는데 매번 고통스런 상황이 연상됐다. 정신분석자는 자세히 연구하면서 그가 9살 때 어떤 사람이 '나무' 위에서 바위로 떨어져 머리가 깨지는 것을 보고 크게 놀랐었다는 사실을 발견했다. '나무'의 관념이 공포란 것의 관념복합체의 중심이 됐으므로 그는 그것의 반응단어를 떠올리기가 쉽지 않았던 것이다. 분석자는 어떤 자극단어가 무의식과 관련된다는 것을 알고 그 단어를 중심으로 하고 다시 그것과 관계있는 단어를 찾아 자극단어로 삼았다. 예컨대 100개의 단어 중에 '돈'이란 단어가 필요로 하는 반응시간이 가장 길면 '쓰다', '벌다', '갚다', '사다', '모으다' 등 단어를 자극단어로 하면서 환자가 이들 단어로 연상되는 것을 하나하나 말하도록 했다. 그 다음에 자유연상법을 쓰면, 생각해낸 첫 단어만을 말하는 것이 아니었다. 실례를 보자:

"어깨……어깨……나무……물웅덩이……어깨통증……물에 빠진 것 같다는 생각……눈이 안보이고……공장……부친……부친이 거기서 일했고……아, 맞다……한 소년이 내 몸 위로 떨어졌는데……나는 그때 겨우 7살 정도……내 어깨 관절이 빠졌고……그들은 공장에 가서 부친을 찾았고 부친이 나를 업고 병원에 갔다."

이 자유연상의 맥락으로 볼 때 우리는 환자가 어렸을 때 어깨를 다쳐 크게 놀란 적이 있고 무의식 속에서 '어깨'란 단어가 공포의 관념복합체의 중심이 됐다는 점을 알 수 있다. 지금 환자는 그것을 돌이킬 수 있고 '리비도'의 잠재력이 공포의 관념복합체 위에서 다시 기승을 부리지 않으므로 병 역시 곧 치유됐다. 프로이트 자신 역시 이러한 단어연상법이 그가 사용한 자유연상법의 결함을 보충할 수 있다는 점을 인정했다. 지금 정신분석자들은 대부분 두 가지 방법을 함께 쓴다.

내향과 외향

융과 프로이트의 학설의 다른 점은 대체적으로 이와 같다. 융은 심리학에 대해 또 다른 매우 중요한 공헌이 있는데 바로 '심리적 원형'(Psychological Types)에 대한 연구이다. 인간의 마음은 서로 다르다고 하지만 이러한 다름 속에서 우리는 약간의 같은 점을 찾아낼 수 있는데 가령 생김새는 서로 다르지만 얼굴을 동그랗거나 긴 '원형'으로 나눌 수 있는 것과 같다. 심리 역시 마찬가지다. 융은 인간의 원형에는 크게 두 종류가 있는데 하나는 '내향적 인간'(Introverts)이고 다른 하나는 '외향적 인간'(Extroverts)이라고 여겼다. 외향적 인간은 '리비도' 잠재력이 밖을 향하고 '대상'(Objects)적 가치를 특히 귀중히 여기므로 시시각각 외계의 대상에 주목하는 것으로 빈틈없이 '자아'(Ego)를 되돌아본다. 내향적 인간은 '리비도' 잠재력이 안을 향하고 자아의 가치를 특히 귀중히 여기므로 모든 정신이 자신에게로 몰려있고 대상에 대해서는 주의를 기울이지 않는다. 외향적 인간이 나방과도 같다면 내향적 인간은 개구리와도 같다. 외향적 인간은 사교를 좋아하고 내향적 인간은 고독을 좋아한다. 외향적 인간은 활동을 좋아하고 내향적 인간은 안정을 좋아한다. 외향적 인간은 정감의 지배를 많이 받고 내향적 인간은 사색을 많이 한다. 외향적 인간은 대부분 낙관적이고 내향적 인간은 대부분 염세적이다. 외향적 인간은 대부분 용기를 내어 나아가려 하고 내향적 인간은 대부분 위축 속으로부터 자신을 구하려고 한다. 이 두 종류의 성격은 인생에 대한 태도가 다르고 성취하고자 하는 일 역시 그것으로 인해 각기 다른데 과거의 대연설가, 대정치가, 대사회운동가와 희극계의 명배우들은 대부분 외향적이었다. 대시인, 대종교가와 대철학가들은 대부분 내향적이었다. 개인의 성격이 이러한 것만이 아니라 민족성과 문화 역시 내향과 외향의 구별이 있다. 동방문화는 내향적이고 서방문화는 외향적이다.

융의 이러한 분류는 본인 개인만의 사견이 결코 아니다. 빌헬름 오스트발트(W. Ostwald)는 문인과 천재를 낭만주의자(Romanticists)와 고전주의자(Classicists)로 나누었다. 낭만주의자는 행동에 예민하고 사유에 공간을 두며 감정은 정열적이어서 명성을 넓히고 제자를 얻는 데에 능하다. 고전주의자는 의식이 독자적이고 사후의 명예를 희망하므로 일시의 눈부심에 개의치 않는다. 니체는 예술의 정신을 두 종류로 나누면서 고대 그리스의 두 신의 이름으로 그것들을 명명했다. 하나는 아폴론적(Apollonian)인 것으로, 차분하고 우아해서 맑은 바람을 머금는 달님처럼 마음을 유쾌하게 하고 그윽한 상상을 불러일으킨다. 시와 소설과 조각과 그림 등이 모두 아폴론적 예술이다. 하나는 디오니소스적(Dionysian)인 것으로, 어떠한 구속없이 온 마음이 기울어질 때 자신의 모든 희로애락을 잊은 채 무언가를 뜨겁게 분출하며 안위와 승패를 따지지 않는다. 음악과 춤이 모두 디오니소스적 예술이다. 윌리엄 제임스(W.James)는 철학가를 정신이 온유한(Tender-minded) 이들과 정신이 강경한(Tough-minded) 이들의 두 종류로 나눴는데 유미주의자, 낙관론자, 일원론자, 자유의지론자, 고전주의자, 종교주의자가 모두 정신이 온유한 인간이고 경험주의자, 비관론자, 결정론자, 낭만주의자, 무신론자는 모두 정신이 강경한 인간이다.

융에 따르면 오스트발트가 일컬은 낭만주의자, 니체가 일컬은 디오니소스적 인간, 제임스가 일컬은 정신이 강경한 이들은 모두 외향적인 인간이고 고전주의자, 아폴론적인 이들과 정신이 온유한 이들은 내향적인 인간이다.

심리학자들 역시 내향적인 이들과 외향적인 이들의 두 파로 나뉜다. 외향적인 이들은 전부 경험과학의 입장에서 출발해 환경의 영향에 집중하면서 '원인'을 심리학적 능사로 여기는데 프로이트가 가장 대표적이다. 내향적인 이들은 자아를 중요하게 보면서 외계의 변화가 모두 나로부터 발생하고 심리학자는 원인 외에 한층 더 '목적'이라는 것을 알아야한다고 하는데 아들러와 융이 모두 이 학파에 속한다.

보상작용

위에서 말한 바와 같이 무의식의 기능에는 의식에 대한 보상작용이 있는데 아니마의 기능은 페르소나를 보상하는 것이다. 이 이치는 심리의 '원형' 속에서 보아낼 수 있다. 의식적 생활 속에서 외향적인 인간은 그 무의식은 왕왕 내향적이다. 의식생활 속에서 내향적인 인간은 그 무의식이 왕왕 외향적이다. 예컨대 내향적인 인간은 고독을 좋아하고 사교를 싫어하는데 의식의 면에서 보면 그는 자신의 삶을 중히 여기는 것이고 사회를 크게 보지 않는 것이지만 무의식의 면에서 보면 그는 실제로 자신을 너무 작게 보면서 사회적 가치를 너무 높게 보는 것이므로 그는 사실 작은 방에 갇히고 싶고 밖으로 머리를 내밀고 싶지 않은 것이다. 내향적인 인간은 은연중에 늘 외향적인 인간을 부러워하고 외향적 인간은 은연중에 늘 내향적 인간을 부러워하므로 남녀의 관계 속에서 성격이 반대인 이들은 상호 흡수하는 능력이 특히 크다.

정신병의 발생은 현재 환경의 적응 실패로 말미암아 '리비도' 잠재력이 과거의 부적응적 비정향식 방법으로 퇴향하는 것임은 이미 위에서 논했다. 이른바 현재 환경의 적응실패라는 것은 바로 무의식 속의 내향적인 것과 의식 속의 외향적인 것이 균형을 잃거나 혹은 무의식 속의 외향적인 것과 의식 속의 내향적인 것이 균형을 잃는 것이다. 예컨대 내향적인 이들은 왕왕 생각이 풍부하지만 정감은 결여된다. 그는 평상시 사유적 삶에 집중해 정감적 삶은 등한시되어 정감을 요하는 환경이 발생하면 그는 대응을 해야 하지만 결과적으로 왕왕 정신병이 된다. 병태적 심리에는 두 종류가 있다. 히스테리를 앓는 이는 외향적인 이들이므로 감정에 동요되기 쉽고 지체증(Dementia Praecox)을 앓는 이들은 내향적인 이들이므로 정신이 날로 위축된다.

융의 학설에 대한 비평

융의 학설의 주된 요점은 이러하다. 프로이트학파 학자들은 대부분 그것이 '비과학적'이라고 지적하는데 실은 '비과학적'이라고 하면 융 뿐 아니라 프로이트학파 자신 역시 이 비평을 면할 수 없다.

우리가 보기에 융의 가장 큰 공헌은 두 가지가 있다. 첫째는 '리비도'를 광의적인 '심리적 에너지'로 간주하면서 프로이트의

'범성욕관'을 깨뜨린 것이다. 두 번째는 '집단적 무의식'과 '심리
적 원형'인데 이 역시 프로이트가 개인 환경에 편중돼 종족적
유전을 홀시한 잘못을 교정하기 충분했다. 이 점에 대해 일반
심리학자들은 모두 융에 찬성했다. 프로이트의 '추종자'들을 제
외하면 지금 이미 성욕을 유일한 원동력으로 보는 시각은 이미
돌파됐다.

심리원형 학설의 결점

두 번째에 대해서는 아직 견해가 일치하지 않는다. '집단적
무의식'이라는 관념을 근본적으로 부정한 학자도 있다. 노스리
지(Northridge)는 그의 『현대 무의식 학설(Modern Theories
of the Unconscious)』이라는 책에서 이러한 주장을 했다. 그는
융의 '집단적 무의식'은 본능과 '심리원형'이라는 것인데, 이 두
가지 성분을 실제는 '집단적 무의식'이라 할 수 없다고 말한다.
우선 본능을 보면, 그것이 발동하지 않았다는 것으로 그것을
'무의식'이라 할 수는 없고 '무의식'이라 할 수 없는 것은 이미
발동한 것이므로 '의식'이라고 해야 하며 이미 발동했지만 억압
된 그것은 '개인적 무의식'이라고 봐야 한다는 것이다. 그다음
'심리원형'에 대해서인데, 우리 인간은 심리적인 '족보'란 것이
조상 대대로 전해진 것인지 아니면 원래는 없던 것이 생겨날 수
있는지 판단하기 어렵다는 것이고, 리차드 제몬(R.Semon)이 말

한 것처럼 머릿속에 포함된 '기억흔적'(Engrams)은 전부가 생리적인 사실이므로 심리적으로만 논할 수 없다는 것이다.

습득성이 유전될 수 있을까

우리가 보기에, '심리원형'의 가장 큰 결점은 여기에만 있는 것이 아니라 '습득성'(acquired characteristics)이 유전될 수 있느냐는 생물학적 문제이다. 라마르크(Lamark)에 따르면 습득성은 유전될 수 있는데 이를테면 기린의 목이 긴 것은 그것이 나무 잎사귀를 먹기 위해선 길게 뻗혀야했던 것이므로 뻗힐수록 길어지게 된다. 길게 뻗혀지는 목은 본래는 자신의 삶의 역사 속에서의 '습득성'이었는데 후대에 유전되므로 그 뒤로 대대로 길어졌다는 것이다. 아우구스트 바이스만(A.Weismann)과 신다윈주의(Neo-Darwinism) 학자들은 이 설에 반대하는데 습득성은 생식세포에는 영향을 줄 수 없다고 여기면서 유전이 될 수 없다고 한다. 이를테면 몇 세대의 쥐들의 꼬리를 잘라봤지만 새로 태어난 쥐들에게 꼬리가 있었다는 것이다. 융의 '심리원형'이라는 관념은 라마르크의 습득성의 유전설과의 관계에서 봐야한다. '인상'(Image)은 개인이 습득하는 것이지만 현재 인류는 오랜 역사 속의 먼 조상으로부터 인상을 얻어왔고 인상이라는 것이 유전될 수 있다는 데에는 의심의 여지가 없다. 현재 생물학자들은 대부분 신다윈주의 학파들이므로 그들이 보기에 융의

'태고적 인상'은 존재할 수 없다. 하지만 그 외에 많은 학자들은 여전히 '습득성이 유전될 수 있다'는 점을 기다려볼 문제로 간주한다. 맥두걸은 라마르크에 가깝지만 융의 '심리원형'에는 의문을 품었는데 그의 『이상심리학 대요』 9장에서 특히 상세하다.

제8장

아들러

아들러

프로이트에겐 두 명의 귀한 제자가 있는데 하나는 융이고 다른 하나는 아들러(A. Adler)이다. 융이 프로이트를 떠난 것은 그의 성욕관에 만족하지 않았기 때문이고 아들러가 독립한 것 역시 스승이 성욕을 너무 중시하는 것을 싫어했기 때문이었다. 생물학적 관점에서 보면 인생에는 두 가지 수요가 있는데 하나는 종족보존이고 하나는 개인보존이다. 종족을 보존하기 위해서는 성욕이 있어야 한다. 개인을 보존하기 위해서는 '자아본능'이란 것이 있어야 한다. 프로이트는 종족의 수요를 보존하는 것에 주의를 집중했으므로 '자아본능'을 성욕과 병행하는 것으로 인정하긴 했지만 '리비도'를 전부 성욕으로부터 조직되는 것으로 여겼다. 융은 '성욕'과 '자아본능'의 위에 막후 실력자가 있다고 여겼는데 바로 '리비도', 혹은 넓은 의미로 '심리적 에너지'이다.

아들러는 프로이트와 서로 반대되는 극단의 길로 나아갔는데 그는 '리비도'가 모두 자아본능의 잠재력이고 성욕이 단지 '자아본능'의 변형이라 여겼다.

심리학은 목적 중시해야

태도와 방법의 면에서 아들러는 비교적 융에 가깝다. 융은 심리학이 목적 연구를 우선 임무로 삼아야 하고 일반적 과학적 인과관에만 국한되면 안 된다고 여겼다. 이러한 논조로 아들러도 의도하고자한 것을 창도했다. 그는 "우리는 아직 목표를 알고 있지 못할 때라 해도 그가 어떤 행동을 할 것인지는 대략 알 수 있다. 나는 그가 하는 연속적 동작을 순서대로 배열해서 그 관계를 생각하면서 그 잘못을 바로잡을 수 있는데다 방법을 강구해 이들 관계의 심리학적 의의를 명료화할 수 있다. 만약 내가 원인만을 알고 반사동작, 반응시간과 이러한 동작을 재현하는 능력만을 알면 나는 마음속의 사건경과를 알 수가 없다"고 한다. 이 뿐 아니라 인과적 시각으로부터만 출발하고 목적을 살피지 않으면 우리는 과거를 근거로 지식을 얻어낼 수 없고 정신이 위축된 이가 '나무'라는 단어로부터 '끈'을 연상할 때 그 마음속에 자살의 동기가 있다는 점을 알 수 없다는 것이다. 우리는 일반적 과학이 연구하는 현상 속에는 원인이 결과 앞에 있지만 심리현상 속에서의 진정한 원인은 결과 뒤에 있는 이유는 현재 행위가 모두 미래의 희망을 따라 전이하기 때문이라고 말할 수 있다. 목적은 바로 미래의 원인에 존재하는 것이다. 심리학은 응당 결과 전의 원인을 연구해야 하지만 그것은 특히 결과 후의 원인 혹은 목적을 홀시해서는 안 된다.

상승 욕구와 남성적 항의

인간의 삶은 일거수일투족에 모두 목표라는 것이 있다. 표면적으로 말하면 인간의 목표는 각기 다른데 어떤 이는 명예를 보살피고 어떤 이는 이익만 좇으며 어떤 이는 연애에 편중되고 어떤 이는 학업과 사업에만 집중한다. 하지만 안을 들이다보면 이들 표면적인 서로 다른 것들에는 실은 모두 보편적 목표가 있는데 바로 '우등함'(Superiority)이다. 아들러는 니체에게서 받은 영향이 가장 깊었다. 그는 인류 행위가 전부 '상승 욕구'(The Will to be Above)에 의해 운전된다고 여겼고 바로 니체가 일컫은 '권력 의지'(The Will to Power)이자 정신분석가들이 일컫는 '리비도'이다. '상승 욕구'는 '남성적 항의'(Masculine Protest)라고 할 수도 있는데 그것을 공식화하면 바로 완벽한 사람이 되고자하는 것이다. 완벽한 인간이 되고 싶으면 나는 조금의 결함도 받아들일 수 없다. 만약 조금의 결함이 있게 되면 나는 마음속에 '자괴감'(The Sense of Inferiority)을 지니는데 즉 자네가 일컬은 '결핍의 느낌'(Sentiment d'imcomplitude)이다.

양극설

프로이트가 일컬은 '양가정감'을 아들러는 '양극성'(Bipolarity)
이라고 불렀다. 사람들은 '자아'에 대해 모두 양극적인 정감을
지닌다. '자괴감'이 있을수록 자아의식은 강렬해지고 자아의식
이 강렬할수록 '자괴감' 역시 인내하기 어렵다. 스스로를 너무
높게 보는 이는 작은 굴욕을 극히 큰 수치로 여기며 스스로 결
함이 있다고 보므로 '상승 욕구'가 암암리에 그에게 '남성적 항
의'를 제기하고, '완전한 사람이 되어야 한다'로 운전하게 하는
것은 다시 말하면 '방법을 강구해 내 결함을 보상해야 한다'고
말하는 것이다. 이렇게 볼 때 모든 '완벽'은 모두 '결함'으로부터
생겨나는 것이다.

아들러는 사람들은 무의식중에 세상의 모든 인물에 대해 평
가를 하고 이들 평가는 단지 하나인데 '상하'이거나 '승패'이고
'우열'이거나 '강약'이라고 주장했다. 바꿔 말해 우리들은 어떤
사람을 만날 때마다 암암리에 그가 내 위에 있다거나 그가 나보
다 열등하다고 상상하며 우리 모든 동작은 암암리에 이번은 성
공, 혹은 이번은 실패할 것이라고 상상한다는 것이다. 이러한
평가 속에서 성인은 영아보다 강하게 여겨지고 남성은 여성보
다 강하게 여겨지므로 영아의 마음속에는 늘 성인이 되고자 하
고 여성의 마음속(스스로 인식하지 않을 수도 있다)에서는 늘
남성이 되고자하는데, 길을 걷는 이가 말을 타고 가는 이를 부
러워하고 말을 타고 가는 이는 차를 타고 가는 이를 부러워하는

것과 같다는 것이다.

기관결함과 보상

'결함'을 느끼면 '보상'(Compensation)을 도모한다. 아들러는
『기관결함연구(Studies in Organ Inferiority)』에서 전적으로
'보상'의 이치에 관해 설명했다. 그는 많은 실례를 들어 기관에
결함이 있는 이는 '상승 욕구'와 '결함 감각'이 상호 충돌하는 것
으로 인해 극히 보완을 추구하고 결과적으로는 기관결함이 도
리어 일반적으로 정상적 기관보다 더 유용하다는 점을 입증했
다. 가장 유명한 예가 데모스테네스(Demosthenes)이다. 그는
본래 말더듬이었는데 이 결함을 보상받고자 말이라는 것에 주
의를 기울여 뒷날 고대 그리스의 첫째가는 웅변가가 됐다. 베토
벤(Beethoven), 모차르트(Mozart), 슈만(Schumann) 등 여러
대음악가는 귀에 병이 있었다. 스틸리코(Stilicho), 토르스텐손
(Torstensson)과 같은 대군사가가 모두 신체 마비증을 앓고 있
던 점에서 보상의 이치가 증명될 수도 있다.

이따금 한 방면에 결함이 느껴지면 다른 방면에서 보상을 추
구할 수 있다. 소크라테스의 영혼이 아주 맑았던 것은 그가 외모
가 매우 남들보다 못했기 때문이다. 헬렌 켈러(Hellen Keller)
역시 귀도 눈도 입도 정상적이지 못했지만 저명 작가가 됐다.
중국을 예로 들면 손자(孫子)는 두 무릎이 발이었는데『병법(兵

法)』을 저술했고 좌구(左邱)는 실명해서 『국어(國語)』를 지었으며 사마천은 궁형을 당했는데 『사기(史記)』를 완성했다는 것은 오래 입가에 전해지는 이야기다. 이 예들은 모두 '상승 의지'가 온 힘을 쏟아 결국 대단한 성취를 얻도록 암암리에 결함이 있는 인간을 운전한 것이다.

아동심리와 보상

'보상'이라는 것은 일종의 보편적인 심리현상이고 기관결함을 꼭 갖지 않더라도 아동의 심리는 비슷하게 전부 '보상'작용의 지배를 받는데 아동은 기관 발육이 완전치 않으면 모든 것을 주위의 도움에 의지해야 한다. 아이는 환경이 대응하기 쉽지 않을 때 어른의 능력이 크다는 점을 보고 맘속에서 결함의 감각을 느끼게 된다. 이 때 남성적 저항은 아이가 보상을 추구하도록 깨우친다. 아동은 왕왕 움직이는 것을 좋아하고 캐묻는 것을 좋아하며 따라하는 것을 좋아하는데 모두 결함 감각의 운전을 받는 것이다. 교육이 가능한 것은 아동이 결함의 감각이 풍부하기 때문이다. 결함이 클수록 감각은 영민해지고 보상을 추구하는 것역시 절박해진다. 그래서 허약한 아동은 왕왕 건강한 아동보다이기는 것을 좋아한다.

아동은 '상승 욕구'가 강하므로 형제자매들과 같이 있을 때 늘우등의 위치를 점하려고 하고 특히 부모에 대해서 그렇다. 나이가 좀 더 들면 아이는 왕왕 형이나 누나와 경쟁을 하고 약한 동생에게는 명령을 하는데 절대 복종을 요구하고 심지어 자기 세력에 의지해 그들을 괴롭히기도 한다. 이것도 물론 '상승 욕구'의 표현이다. 약한 동생은 연령과 체력적으로 부족함이 있어 형과 누나처럼 힘을 누릴 수 없다는 점을 알지만 또 한편으론 부드러움으로 승리할 수도 있다는 점도 아는데 부모에 특히 효도하는 것으로 부모의 기쁜 마음을 널리 얻을 수 있다. 이 역시 '상승 욕구'의 표현이다. 요컨대, 아동은 모두 '우등'을 목표로 하고 다만 이 목표의 방법은 강직함에 의하는 것이거나 유순함에 의하는 것이다.

부드러움으로 이긴다

부드러움으로 이긴다는 것은 바로 가면을 쓴 채로 자신의 욕망을 실현하는 것이고 바로 우회적인 길로 우등의 목표를 달성하는 것이다. 이 이치를 알면 우리는 아들러의 무의식에 대한 견해를 알 수 있다. '상승 의지'와 '상승 욕구'의 만족 방법은 통상적으로 사회적으로 적대시하는데 사람들이 모두 우등과 승리를 점하려 한다는 것은 타인을 시기하는 것이 되기 때문이다. 그래서 우등한 목표와 우월함에 도달하는 방법은 늘 무의식 속에 감춰져 있고 타인에 보이길 원치 않으며 스스로에게 발각되지도 않는다.

정신병은 도피

정신병은 바로 무의식 속의 일종의 보상방법이자 일종의 도피(Evasion)라고 할 수 있다. '상승 의지'는 본래 정복과 우등에 도달하려고 하는데 설사 외계 대상의 저항이 너무 커서 내가 이길 수 없다고 해도 나는 적어도 실패를 즐기지는 않는다. 나는 누굴 이길 수 없으면 적어도 누가 나를 이기지 못하길 바라는데 누구도 나를 이기지 못하게 하기 위해선 단지 경쟁과 다툼을 도피하는 수밖에 없다. 통상적으로 도피의 방법이 바로 정신병 발생이다. 프로이트는 정신병을 무의식의 산물이라 했는데 아들러는 정신병을 무의식의 핑계라고 봤다. 환자란 원래 자신과 인생의 가치를 잘못 평가해서 실제 다다르기 어려운 '환상적 목표'(Fictitious Goal)를 내건다. 목표 자체를 너무 멀리 잡은 데다 환자는 또 정신병이 발생해서 멀어진 것이 더욱 멀어질 수밖에 없게 된다. 아들러의 용어를 쓰면 병이 생긴 이들은 자신의 능력과 환상적 목표 사이에 거리를 창조한다. 환자가 병이 생긴 것은 핑계란 것이 만들어졌기 때문이다. "내가 불행히도 병이 들었다. 만일 아프지 않았다면 분명히 위대한 성취를 할 수 있었고 누군가보다 강할 수 있었다. 병이 생긴 것은 내 잘못이 아니다. 그래서 나는 내 실패에 책임을 질 필요가 없다"고 말하는 것과 비슷하다.

성욕은 상승 의지의 변장

프로이트는 모든 정신병의 근원이 성욕이 억압된 데서 비롯된다고 여겼지만 아들러는 모든 정신병이 결함의 느낌과 '상승 의지'의 충돌에서 비롯되고 성욕 역시 '상승 의지'의 변장일 뿐이라고 여겼다. 예컨대 수음 역시 일종의 정신병이다. 프로이트는 그것을 성욕의 이상현상이라고 여겼지만 아들러의 해석은 상반된다. 그는 남성이 여성에 의존하지 않는 것은 자신의 무결함을 표시하는 것이고 비로소 수음을 하는 것이라고 말했다. 이따금 수음은 승리의 길을 에돌아가는 것이다. 예컨대 어느 대가정의 아이는 모친의 보살핌을 받지 못할 경우 수음을 하는 것이 발견되면 모친의 근심을 불러일으킬 수 있다. 아이는 모친이 그를 보살펴 주게 하는 가장 좋은 방법이 이것임을 발견해서인지 이러한 나쁜 습관을 버리려 들지 않는다.

성욕이 '상승 의지'에서 비롯된다는 이치는 다른 실례로 설명할 수도 있다. 어느 품성과 학식이 겸비된 좋은 남성이 성격이 매우 좋은 여성과 첫 눈에 반한 사이가 됐다. 그들은 약혼을 했고 이 남성은 약혼녀를 혼전에 나름대로 철저하게 교육하려 가혹한 요구를 했는데 여성은 그 번거로움을 이겨내지 못하고 결국 부득이 관계청산을 요구했다. 남성은 충격을 받아 정신병이 발생했다. 아들러는 그는 약혼을 하기 전에는 무의식 속에서 독신으로 지내려는 생각이 있었으나 여성이 이별을 요구하기 전에는 무의식중에 즉 관계파기의 동기가 잠복했으므로 그녀에 대한 교육이 지나치게 가혹했던 것이라고 여겼다. 파혼 이후는 그의 무의식 속에서 영원히 결혼의 길을 끊겠다는 의식이 있었으므로 정신병이 발생했다. 이건 무슨 뜻일까? 그는 원래 과부의 아들이었으며 어릴 적에 모친과 자주 말다툼을 벌였으므로 자기도 모르게 자신이 여성을 잘 다루지 못한다는 인상이 있었다. 이러한 결함의 느낌 속에서 그는 결혼을 도피하려는 의지가 발생했다. 여성을 다루지 못하는 것은 그의 결함의 느낌이고 여성을 이기는 것은 그의 사유적 목표였다. 결혼을 회피한 것은 그가 목적에 다다르는 방법이었다. 여기서 우리는 그가 결혼을 피하고자 했는데 왜 또 그 여성과 사랑의 감정이 발생해 약혼한 것이냐고 의문을 가질 수 있다. 아들러는 이 역시 '상승 의지'라고 말한다. 그는 여성을 다루지 못한다고 자각했는데 '남성적 항의'가 그로 하여금 나는 이처럼 무능해서는 안 된다고 일깨웠으므로 그는 연애와 약혼이 모두 가짜면모이고 그의 의도는 정복할만한 한 여성을 택해 정복해보는 것으로써 그가 결함이 없다는 것을 내보이려한 것이었다.

결함의 느낌과 '상승 의지'의 충돌

프로이트는 정신병이 이르게는 아동시기에서 비롯된다고 여겼다. 표면적으로 볼 때 아들러의 주장은 이와 같고 위로부터도 알 수 있다. 하지만 프로이트는 억압된 것이 성욕이라고 여겼지만 아들러는 억압된 것이 '상승 의지'라고 여겼으며 두 사람의 관점은 결국 일치하지 않는다. 아들러가 보기에 정신병을 앓는 환자는 아동기에 일찌감치 두 종류의 상반된 경향을 지녔다. 한편으로 기관에 결함이 있어 자괴감을 느꼈던 것으로 인해 성격적으로 여성끼가 있었고 유순했다. 다른 한편으로는 '상승 의지'에 격동되어 아래에 처하길 원치 않으면서 성격 속에 남성끼가 있어 매우 완강하고 거칠었다. 이 두 종류의 경향이 평형을 잃으면 여성적 경향은 그로 하여금 유순하라고 하고 남성적 경향은 또 그로 하여금 완강하라고 하므로 그는 어찌할 바 몰라 '주저의 자세'(Hesitating Attitude)를 나타내는데 매사에 판단이 이러했다 저러했다하므로 의심과 걱정으로 고통스럽고 그 결과는 정신병이 된다. 정신병을 앓는 이는 왕왕 '이중인격'(Double Personality)이 있고 자네가 일컬은 '분리작용'으로 인하는데 즉 남성적 경향과 여성적 경향의 충돌이고 바꿔 말하면 즉 결함의 느낌과 '상승 의지'의 충돌이다.

꿈의 해석

아들러는 꿈의 해석에 대해 프로이트 및 융과 달랐다. 프로이트는 꿈의 원인만을 연구하면서 꿈이 무의식 속 욕망이 변장을 빌어 만족을 추구하는 것이라고 여겼다. 융은 꿈의 목적에 주의를 기울이면서 꿈이 의식에 대한 경고이며 그 내원은 대부분

'집단적 무의식'에 있다고 여겼다. 아들러는 꿈이 변장이라는 것은 인정했지만 그것이 욕망의 만족이라는 것을 인정하지 않았다. 또 꿈에 목적이 있지만 그것이 경고라는 것은 인정하지 않았다. 그가 보기에, 꿈속의 심리와 깨어있을 때의 심리는 일맥상통하는 것이다. 깨어나 있을 때 마음속에서 우리는 걸핏하면 어떤 모종의 환상적 목표를 상대로 삶이 처한 '생명줄'(Life-line)을 해결해가야 하는 상황에 처하는데 요약하면 모두 고유한 목적이 있다는 것이다. 꿈은 계속해서 작업을 하므로 깨어있을 때 가슴 속에서 해결을 기다리는 모든 난제들이 꿈 속에서도 여전히 배회하는 중에 있는 것이다. 꿈은 '환상적 목표' 도달을 추구하는 일종의 '예비계획'(Premedition)이므로 우리들은 때때로 꿈을 근거로 미래를 점유할 수 있다. 꿈이 상징을 필요로 한다는 것은 '환상적 목표'에는 많은 침범적 성질, 의식과의 잦은 상호 충돌이 있다는 것이므로 무의식 속에 감춰져야 하고 기어코 출현을 하려해도 가면을 쓰고 있어야 한다. 이것이 아들러의 주장이다.

꿈은 '환상적 목표'에 도달하는 예비계획이므로 꿈을 꾸는 이의 환상적 목표와 어떤 문제에 대한 태도는 그가 꾼 꿈으로부터 보아내는 것이 어렵지 않다. 두 가지 실례를 들어 설명해본다.

'공간공포증'(Agoraphobia)을 앓는 한 가게 여주인이 어느 날 밤 이 같은 꿈을 꾼 적 있었다. "내가 점포에 들어서는데 한 무리의 여성들이 거기서 카드놀이를 하는 것이 보였다." 아들러가 보기에 환자는 이 꿈을 꿀 때 사실 병이 나은 뒤 어떻게 가게 안을 잘 정돈할 것인가에 대한 예비적 계획을 한 것이었다. 그녀는 정말로 이렇게 말했다. "모든 일이 내가 없으면 안 된다. 당신이 내 병을 치료하는 동안 그 사람들에겐 아무런 대책도 없다. 나는 병이 나아서 그 친구들에게 어서 본때를 보여줘야 한다!". 그녀는 평상시 이기는 것을 아주 좋아하는 사람이었으며 아파서도 늘 가게 일꾼들에 이것저것 일을 시켰다. 그녀의 목표는 옆 사람을 이기고 옆 사람의 단점을 들추는 것이었으며 그녀의 꿈은 바로 이러한 태도를 비추어준 것이었다.

꿈은 대부분 일종의 비유(Analogy)이다. 어느 한 부인은 그녀의 형부를 사랑해서 심경이 충돌한 결과 일종의 신경병이 발생했다. 쉽게 화를 냈고 또 늘 자살충동이 기승을 부렸다. 어느 날 밤 그녀는 이러한 꿈을 꿨다. "어느 무도장 안에서 남색 정장을 입고 머리를 멋지게 빗고 나와 춤을 춘 사람은 나폴레옹이었다." 이 여인은 이름이 루이즈(Louise)였다. 나폴레옹의 후처역시 루이즈였는데 그는 루이즈를 아내로 맞아들이기 위해 그의 전처 조세핀(Josephine)과 이혼을 했었다. 만약 프로이트라면 우리들은 이 꿈을 성욕의 표현으로 간주하면서 그녀가 그녀의 형부를 나폴레옹으로 삼았고 그녀 형부가 자신을 데려갔으면 하는 생각을 한 것이라고 할 수 있다. 하지만 아들러는 그렇게 말하지 않는다. 환자 마음 속에서는 단지 그녀의 언니를 이기고자 한 것이었으며 실제로 그녀의 형부를 사랑한 것이 아니었다. 그녀의 형부가 나폴레옹에 견주어졌던 것은 그녀의 '상승의지'가 평범한 남성과 결혼하는 것을 그녀에게 허락하지 않았기 때문이다.

정신병의 치료

아들러는 신경병의 내원에 대해선 설명이 퍽 상세하지만 치료법에 대해선 꽤 간략하다. 우리들은 이미 신경병의 발생이 환자가 자신과 세상의 평가가치 사이에 착각이 발생해서 스스로를 너무 높게 보거나 자신의 결함을 너무 크게 봐서 환상적 목표가 아주 멀어졌기 때문이라고 한 바 있다. 의사의 첫 번째 작업은 환자의 '환상적 목표'가 있는 지점을 찾아낸 뒤 환자에 들려주고 그로 하여금 스스로 그가 병이 생긴 이유를 인식하도록 함으로써 그로 하여금 현실에 대해 비교적 정확한 이해를 하고 자신과 세상에 비교적 정확한 평가를 하도록 하는 것이었다. 바꿔 말해 아들러의 치료법은 환자의 환상을 깨뜨려서 그로 하여금 공중누각에서 현실세계로 내려오라고 하는 것에 다름 아니다.

교육의 중요성

병을 치료하는 것은 병을 예방하는 것만 못하다. 이 말은 아들러의 관점에서 볼 때 특히 정확하다. 그래서 그는 교육, 특히 가정교육을 중요시했다. 많은 정신병은 모두 유년기에 잠복하며 그것은 대부분 부모와 관련이 있다. 부모는 자녀를 기르는데 너무 엄격해도 너무 관대해도 안 된다. 너무 엄격하면 자녀는 자기도 모르게 비관적인 사람으로 변하고 자신 이외의 이들을 적대시하고 시기하는데 타인을 이기는 어떤 환상적 목표를 걸어 두지만 목표가 너무 멀어 이뤄낼 수 없으므로 신경병을 빌어 책임을 회피하는 핑계로 삼게 된다. 너무 관대하면 자녀 역시 자신을 지나치게 과신해 곳곳에서 격한 방법으로 매사를 자기 뜻대로만 하려고 한다. 이렇게 교만하게 자란 자녀는 이후 가정을 떠나 사회에 가서도 사회가 가정과 마찬가지로 그의 비위를 맞춰주길 희망하지만 조금만 굴욕을 당해도 '상승 의지'와 '결함 감각'이 상호 충돌하며 그 결과는 왕왕 신경병이 된다. 그래서 아들러는 부모된 이는 모두 아동의 심리를 잘 안 뒤에 자녀를 대해야만 그 폭을 적당하게 조절할 수 있고, '상승 의지'를 억누르지 않으면서 과도한 '결핍 감각' 또한 일으키지 않도록 하면 자녀의 정신이 자연스레 건강할 수 있다고 말했다. 아들러는 그의 『인성의 이해(Understanding Human Nature)』란 책에서 이 이치를 가장 상세하게 설명했다.

개인심리학의 태도

아들러는 정신분석에 그다지 의존하지 않았고 자신의 심리학을 '개인심리학'(Individual Psychology)이라 부르면서 차별화했다. 그는 심리학 연구는 순전히 객관적 태도로 인과관계만을 논해선 안 되고 반드시 주관적 목적에 주의를 기울여야 한다고 주장했다. 주관적 목적은 사람에 따라 다르므로 연구자는 반드시 각 개인의 심리경험의 역사를 가지고 대상을 연구해야 한다. 예컨대 우리들이 저곳에서 뛰고 있는 한 사람을 봤다고 치자. 이러한 뛴다는 행위는 반사동작으로만 해석할 수 없다. 누군가는 도망하기 위해 뛰고 누군가는 즐거움을 위해 뛰므로 우리는 우리가 본 사람이 대체 왜 뛰는가 알 수 없다. 이 문제는 심리학적으로 극히 중요한 것이다. 그것에 대답하기 위해서 우리들은 이 사람의 개인 삶의 역사를 제대로 알아야 한다. 그의 '생명줄'이 어디에 있다는 것을 안 뒤 비로소 이 '뛴다'는 동작과 생명줄과의 관계가 어떠한지 판정할 수 있다. 반사동작으로 '뛴다'를 해석하는 것은 인과율의 심리학적 임무에 국한되는 것이고 '생명줄'로 '뛴다'를 해석하는 것은 개인심리학적 임무이다.

아들러의 학설은 프로이트의 학설과 마찬가지로 모두 창조적이다. 창조적이기 때문에 다소 억지스러운 느낌도 피할 수 없다. 하지만 그의 이론에 대해 이해를 늘리다보면 그의 말이 좀 지나치기는 해도 실로 약간의 진리를 포함하고 있다는 점을 인정하지 않을 수 없다.

아들러 학설에 대한 비평

프로이트는 그의 「정신분석운동의 역사」 속에서 아들러의 학설에 대해 사정없이 공격했다. 그가 '상승 의지'가 성욕의 변형이라는 점을 부인한다는 것이다. 그는 말하길, "우리로 하여금 연구하도록 하는 아동 욕망의 극히 중요한 상황은 바로 아동이 성인의 성교를 살펴보는 습관이다. 이러한 아동의 과거는 뒷날 만약 의사의 분석을 거치게 되면 마음속에 두 가지 정감이 있었다는 점을 알 수 있다. 하나는 (남아에게 있어) 자신을 남성의 위치에 놓는 것이고 다른 하나는 자신을 여성의 위치에 놓는 것이다. 이 두 가지 정감을 합쳐야만 비로소 성교를 살펴본 목적을 분명히 알 수 있다. 첫 번째 종류의 정감이 이른바 '남성적 항의'란 것에 놓일 수 있으므로, 이 명사(아들러의 '남성적 항의')는 아무런 의미가 없다. 두 번째 정감은 뒷날 신경병에 대한 영향이 비교적 큰데 아들러는 그것을 전부 부정했다". 맥두걸의 아들러에 대한 비평 역시 퍽 유사하다. 그는 인간이 태어나면서 두 가지 경향을 지닌다고 한다. 하나는 자존(Self-Assertion)이고 하나는 굴복(Submission)인데 전자는 '적극적인 자기 정감'(Positive Self-feeling)이고 후자는 '소극적인 자기 정감'(Negative Self-feeling)이며 양자는 성격의 발생에 마찬가지로 중요하다. 그런데 아들러는 '소극적 자기 정감'을 다루지 않았다.

프로이트는 또 신경병이 기관 결함에서만 비롯되는 것이 아니라고도 했다. 그는 정신병을 앓는 많은 여성들이 평상인보다 훨씬 아름다우며, 많은 추악하고 잔인한 이들이 정신병에 걸리지 않는다는 것이다. 이로부터 아들러의 말 역시 꼭 다 맞는 것이 아니라는 점을 알 수 있다. 게다가 만약 모두 그가 말한 바와 같다면 세상은 전부가 경쟁의 무대이고 인간과 인간은 서로 적대시하며 서로 시기해서 은혜와 사랑이 비롯될 수 있는 곳이 없다. 이 역시 아들러학설의 결점이다.

프로이트학파 학자들은 아들러의 심리학을 비웃으면서 왕왕 그것이 아들러 자신의 심리적 표현이라고 했다. 그가 기관결함이 성격에 영향을 끼칠 수 있다는 점을 안 것은 그 자신이 신체가 건장하지 않기 때문이고 그는 각 개인이 모두 '상승 의지'의 운전을 받는다고 했는데 이 역시 그 자신이 늘 그의 스승이 거대한 명예를 누리는 것을 시기했기 때문이라는 것이다. 이러한 종류의 비평은 퍽 조소적 의미를 띠지만 우리가 아들러를 이해하는 것을 도울 수도 있다.

공평하게 말해서 프로이트는 성욕에 편중됐고 아들러는 '상승의지'에 편중됐으며 모두 각자의 극단성을 면할 수 없지만 두 사람 모두에게서 일면의 진리를 보아낼 수도 있다. 우리들은 그들 학설이 괴상하다는 것으로 인해 그것을 황당하다고 배척해선 안 된다.

제9장

프린스

프린스

영미학파

현대 이상심리학에는 두 가지 큰 조류가 있는데 하나는 잠재
의식 현상에 주의를 기울인 프랑스 학파이고 다른 하나는 무의
식 현상에 주의를 기울인 프로이트 학파로 이미 위에서 논했다.
이 두 개의 커다란 조류는 모두 유럽대륙에서 발원한다. 영미학
자들의 이상심리학에 대한 공헌도 비록 퍽 눈에 띄긴 하지만 그
들의 작업은 대부분 진전시킨 것이지 개창한 것은 아니다. 그래
서 엄격히 말해서 영미학파는 단지 상술한 두 커다란 조류의 여
음에 불과하다고 할 수 있다. 영미학파에서 가장 중요한 이는
프린스(Morton Prince), 리버스(W.H.R.Rivers)와 맥두걸 세
사람인데 그들은 유럽대륙 학자들과 비교해서 극히 선명하게

다른 점이 있다. 대륙학자들은 대부분 의사로서 이상심리를 연구했지만 영미학파의 세 사람은 비록 의사이기는 했지만 모두 심리학자의 자격으로 이상심리를 연구했다. 따라서 영미학파 학자들은 이상심리학을 범위가 비교적 큰 심리학 내로 가져갔는데 대륙학파 학자들은 '학원'(Scholastic) 심리학을 무시하면서 이상심리학과 정상심리학의 관계에 대해 논하지를 않았다. 그래서, 맥두걸은 영미학파의 이상심리학자를 '심리학적 학파'(Psychological School)라고 칭하자고 제의키도 했다.

영미학파의 세 대표 중에서 가장 중요한 사람은 자연히 미국의 프린스이다. 그의 저술은 아주 많지만 『무의식(The Unconscious)』과 『인격의 분열(The Dissociation of a Personality)』이라는 이 두 책이 가장 중요하다. 그는 프랑스의 자네를 계승했다고 할 수 있는데 그 역시 잠재의식 현상을 특히 중요시했기 때문에 그것을 해석하는데 '분리작용'을 사용했다. 그의 가장 큰 공헌은 '부의식'(Co-Consciousness)을 설명한 것이다. 그가 일컬은 '부의식'을 알려면 우리는 우선 그의 기억설을 이해해야 한다.

기억의 단계

통상적으로 이른바 '기억'(Memory)은 대부분 전적으로 인상의 환기를 가리킨다. 프린스는 인상의 환기는 단지 기억의 마지막 단계에 불과하다고 말한다. 기억은 '절차적 작용'(Process)이며 세

단계가 있어야 한다. 첫 단계는 '등록'(Registration)이고 둘째는 '보존'(Conservation)이며 셋째가 비로소 '환기'(Recollection) 혹은 '재현'(Reproduction)이다. 예컨대 우리가 어제 본 장미꽃은 그것을 볼 때 머리 속에 '등록'이 돼야 하며 머릿속에 '보존'돼야 이때 그것이 비로소 '환기'될 수 있다. 세 가지는 하나라도 빠지면 기억이 될 수 없다. 인상(혹은 관념)은 심리작용의 산물이다. 하지만 '보존'시에는 잠시 그 '심리적' 성질을 잃고 생리적 '신경흔적'(Neurogram)에 전적으로 부착된다. 뒷날 상황이 교묘해지면 '신경흔적'이 자극을 받고 원래 잠재했던 관념이 현실적 관념으로 변화하는 것으로 기억작용이 완성된다.

의식적 기억과 생리적 기억

통상적으로 심리학자들은 '기억'을 완전히 의식에 속한 것으로 간주해 왔는데 프린스는 달랐다. 의식이 찾아낼 수 있는 '관념'은 등록, 보존, 환기될 수 있고 의식이 찾아낼 수 없는 경험 역시 등록, 보존, 환기된다는 것이다. 예컨대 내가 지금 어제 누군가와 말다툼을 벌인 경과를 기억하고 있는 것은 어제 의식한 정감과 관념이 지금 의식 속에 환기됐기 때문이다. 어제 미처 의식하지 못한 것은 정감의 생리적 변화를 따른다는 것인데 이를테면 혈액순환의 변화와 각종 혈액의 유동 등등으로 이 역시 환기되는 정감을 따라 환기될 수 있다는 것이다. 프린스는 전자를 '의식적 기억'(Conscious Memory)이라 하고 후자는 '생리적 기억'(Physiological Memory)이라 불렀다. 의식적 기억은 고등 신경중추의 관할을 받고 생리적 기억은 척추신경의 관할을 받는데 두 가지 기능은 비록 다르지만 그 원리는 하나이다.

무엇을 무의식이라 하나

프린스가 '신경흔적'의 보존작용에 주의를 기울인 것은 이를 빌어 '생리적 기억'을 해석하려 했기 때문이고 '생리적 기억'에 주의를 기울인 것은 이를 빌어 잠재의식 현상을 해석하려 했기 때문이다. 그는 '잠재의식'(The Subconscious)을 '부의식'(The Co-conscious)과 '무의식'(The Unconscious)의 두 종류로 나누었다. '부의식'은 뒤에서 자세히 설명한다. '무의식'에는 두 가지 성분이 포함되는데 하나는 일찍이 의식 속에 있었지만 지금은 신경흔적에 보류돼 있는 것이고 하나는 처음부터 의식계에 들어오지 않고 단지 신경흔적의 경험에 머물러 있는 것이다. 바꿔 말해 '무의식'은 바로 아직 '환기' 단계에 이르지 않은 '의식적 기억'과 '생리적 기억'의 전부이다.

연락작용

'기억'과 '연락작용'(Association)은 서로 관련된다. 예전에 심리학자들은 연락작용을 언급하면서 그 의미가 단지 관념의 연상을 가리킬 뿐이라고 했으므로 중국어 및 한자로 연락작용은 통상적으로 '연상'(聯想)이라 부른다. '연상'이란 자연히 고등신경중추의 작용이다. 프린스는 연락작용이 저등신경중추 속에서도 마찬가지로 진행된다고 여겼다. 그래서 의식이 찾아내지 못한 경험 역시 신경시스템 속에서 기타 유사한 경험과 상호 연락을 한다. 바꿔 말해, 의식 속에는 시스템(System)이 있을 수 있고, 이른바 '관념복합체'(Complexes)도 있을 수 있는데, 이러한 '관념복합체' 역시 독립적으로 발전할 수 있다.

심리학적 의미

'의미'(Meaning)란 것은 연락작용의 생산품이다. 독립된 관념은 결코 의미가 있을 수 없다. 예를 들어 당신이 내게 "A가 무엇인가?" 물으면 나는 "A는 A이다"라고 답하는데 당신은 'A'의 의미에 대해 여전히 막연하다. 'A' 관념에 의미가 생기려면 반드시 'B', 'C', 'D' 등 여러 관념과 관계가 있어야 한다. 예컨대 "A는 B의 부친이다"거나 혹은 "A는 C의 원인이다"가 되면 'A'에 의미가 생긴다. 심리학에 있어서의 '의미'와 논리학에 있어서의 '의미'는 또렷이 구별돼야 한다. 논리학적인 '의미'는 객관적이고 보편적인 것이지만 심리학적인 의미는 주관적인데 같은 사물이라도 당신과 내가 갖는 의미는 꼭 같지 않기 때문이다. 예컨대 한 마리의 뱀이 여기 있는데 A는 그것을 "파충류의 동물로 가져다 해부하면 되는 것"이라 하고 B는 그것을 "예전에 사람을 물었던 동물로 가까이하면 안 되는 것"이라 하며 C는 그것을 "성욕의 상징이다"로 간주한다. 각자에게 다른 것은 각 개인의 과거경험이 다르기 때문이다. 의미란 바로 과거경험의 축소판이다. 과거경험은 바로 의미의 '배경'(Setting)이다. 우리는 각 개인에게 의미가 다른 것은 관심이 다르기 때문이고 반응방법이 다르기 때문이라고도 할 수 있다. 그래서 '의미'는 정감의 성분을 함유하는데 지각에 연계될 뿐 아니라 행동에 연계되기도 한다.

우리는 '의미'란 것을 왜 해석하려는 것일까? 왜냐하면 '의미'를 알아야만 비로소 잠재의식을 알 수 있기 때문이다. '의미'는 프린스의 심리학 속에서 '리비도'가 프로이트의 심리학 속에서 지니는 지위와 마찬가지로 중요하다. 프로이트가 '리비도'로 해석한 것을 프린스는 '의미'로 해석했다.

의미와 상징

'의미'는 비록 과거경험의 축소판이지만, 과거경험은 어떤 관념으로부터 '의미'를 발생시킬 때 그것이 결코 전부 의식 속에 환기되지는 않는다. 예컨대 매실을 보고 목마름을 해소하고픈 생각이 드는 것은 감촉이 된 다른 형식을 마음속에서 일시적으로 등한시한 것일 뿐 아니라 예전의 매실에 대한 모든 경험 역시 전면적이지는 않게 기억 속에 환기된 것이다. 그래서 '매실'의 관념은 단지 '매실'이 함유한 '의미'의 상징이며 매 순간의 의식은 전체경험의 상징이다. 바꿔 말하면 매 순간의 의식범위는 비록 아주 좁지만 그것이 가리키는 '의미'는 아주 광범위한 것이다.

무엇을 잠재의식이라 하나

매 순간마다 모 상황 혹은 모 사물의 의미는 작은 부분이 의식의 중심을 차지할 뿐이며 그 나머지 큰 부분은 모두 의식의 가장자리(Fringe)에 있다. 어떤 것이 중심이고 어떤 것은 가장자리인지는 당시 상황이 일으킨 흥미에 따라 전이된다. 가장자리에 있는 의식에도 깊거나 얕고 짙거나 옅은 구별이 있다. 중심에서 멀어질수록 의식은 흐릿해진다. 순서에 따라 내려가다 보면 마지막엔 가장자리 밖으로 배제된다. 가장자리 밖이 '무의식'이다. 중심의 의식에는 자각(Self-Awareness)이 있고 가장자리의 의식에는 자각이 없다. 프린스가 일컬은 '잠재의식'은 가장자리의 의식과 가장자리 의식 이외의 무의식을 한데 묶어서 말한 것이다.

2차적 의식

가장자리 의식은 프린스가 특별히 주의하는 것인데다 매우 알기 어려운 현상이다. 그것은 '의식'인 것일까? 그것은 자아가 일시적으로 찾아내지 못한 것이다. 그것은 '의식'이 아닌 것일까? 그것은 또 최면술을 써서 기억으로 불러낼 수 있다. 예컨대 내가 한 여성과 차를 마시며 이야기를 나누는데 얼마 뒤 당신이 나에게 그녀가 입은 옷이 어떤 스타일, 어떤 색깔이었는가를 물으면 나는 주의하지 않았으므로 대답할 수 없다. 하지만 만약 당신이 나에게 최면을 걸면(이는 바로 나의 중심 의식이 잠시 그 작용을 잃는 것이다) 나는 이따금 그녀의 옷이 어떠했는가를 묘사할 수 있다. 이는 가장자리의 의식이 당시는 자아에 들어오지 않았지만 의식이 아닌 것은 아니었음을 나타내는 것이다. 그렇지 않다면 그것은 결코 최면상태 속에서 의식으로 환기될 수 없는데 프린스는 이러한 가장자리 의식을 '2차 의식'(Secondary Consciousness)이라 부르고 중심 의식을 '1차 의식'(Primary Conscious)이라 불렀다.

부(副)의식의 예

2차 의식은 바로 '부의식'의 일종이다. 좀 더 정밀하게 이야기하면 바로 '부의식'의 맹아이다. 보통사람들은 모두 '부의식'이 있는데 의식의 종합력이 강하면 '부의식'이 '1차 의식' 아래에 부착되어 독립적으로 나타나지 않으므로 그것이 있다는 것이 의식되지 않는다. 이상심리에 있어서는 하지만 이들은 '부의식'이 왕왕 '분리작용'(Dissociation)으로 인해 '1차 의식'을 벗어나 독립적으로 작용하는데 그에는 갖가지 병적 상태가 있다. 가장 보편적인 예는 히스테리에서의 부분마비이다. 예컨대 마비된 부분이 피부일 경우 침으로 환자를 자극해도 느낌이 없다. 하지만 최면에 걸리면 그는 침이 찌르는 감각을 기억하고 그는 침을 놓을 때 마음속에 이중의 의식이 있다는 것을 기억하기 시작한다. 침에 찔리는 경험은 단지 '부의식'에 인입된 것인데 이 '부의식'은 비록 당시 자아에는 인식되지 않았지만 지금 최면 속에서는 '1차 의식'이 작용을 잃으면서 환기가 된 것이다. 최면을 걸지 않더라도 '자동적인 글쓰기'(Automatic Writing)를 통해 '부의식'의 존재를 증명할 수도 있다. 환자 손에 펜 한 자루를 쥐어주고 동시에 침으로 그를 자극하면 그는 통증이 없지만 손으로는 자극받은 경험을 쓰는데 그는 묘사를 할 수 있으므로 '무의식'이 아니다. 최면의 암시 역시 '부의식'의 좋은 예이다. 최면을 받은 사람에게 "깨어나서 이 일과 저 일을 해야 한다"고 일러주면 그는 깨어난 뒤 과연 그래도 따라 하는데 만약 그 일을 어떻게 한 것인가를 물으면 그는 이상야릇하다. 이따금 그는 최면의 암시로 인해 매우 복잡한 행동을 할 수 있는데 자연히 의식을 사용하지 않은 것이며 이 종류의 의식은 분리돼 나온 '부의식'이므로 자아는 그것의 존재를 인식하지 못한다.

세 가지 분리될 수 있는 시스템

프린스는 연락시스템(Association Systems)을 세 종류로 나누었는데 매 종류가 모두 분리작용으로 인해 1차 의식을 벗어날 수 있다. (1) 나의 관심은 다방면이다. 1) 이상심리를 연구한다. 2) 테니스를 친다. 3) 어느 점포를 경영하는 사업을 한다. 이 세 가지는 성질이 다른데 내가 각 항에 대해 하는 생각과 느끼는 정서, 하는 동작이 모두 각기 다르다. 그래서 매 항은 나의 심리 생활 속에서 자기 시스템을 이루는데 바로 프린스가 일컬은 '주체 시스템'(Subject Systems)이다. 정신이 완전할 때 나는 세 종류의 활동을 한데 종합해서 그것들이 모순 없이 병행되게 할 수 있다. 하지만 심리에 이상을 일으킬 때 나는 분리작용으로 인해 어떤 시스템(가령 테니스 치기)을 완전히 잊는다. 프린스가 치료한 뷰챔프(Miss Beauchamp)는 본래 프랑스어에 정통했는데 병증이 발작할 때는 프랑스어에 대한 지식이 완전히 잊힌 것이 하나의 좋은 예이다. (2) 나는 한 동안 학생이었고 한 동안은 사업을 했으며 한 한기동안 친구와 외국여행을 했다. 이 몇 시기의 경험은 늘 시간 접근적 관계로 인해 각기 시스템을 이뤘는데 바로 프린스가 일컬은 '시간순서적 시스템'(Chronological Systems)이다. 시간순서적 시스템 역시 분리작용으로 인해 망각될 수 있다. 예컨대 J 부인은 9년 전에 한차례 정신적으로 큰 충격을 받았으며 현재 최면치료를 받고 있는데 9년 전의 경험을 모두 완전히 잊어버렸다. (3) 상술한 두 가지 시스템 외에 '무드

시스템'(Mood Systems)도 있다. 각 개인은 태어나서 자발적 경
향을 지니고 일종의 '정조'가 있다. 그의 희망과 행위는 자기도
모르게 이러한 자발적 경향의 영향을 받는다. 하지만 이따금 그
가 처한 위치, 하는 일은 그의 정조와 서로 맞지 않는데 예를 들
면 그는 본래 낭만적인 생활을 좋아했지만 목사를 하면서 부득
이 표정이 엄숙해지기 시작했다. 이러한 이상심리 속에서 '무드
시스템'은 분리작용으로 인해 또 다른 인격을 빚어낼 수 있다.
예를 들면 뷰챔프는 원래 얌전하고 정숙했는데 두 번째 인격이
나타날 때는 이상하게 성미가 급하다.

분리의 원인

히스테리, 몽유병과 다중인격 속의 분리작용은 모두 위의 세
가지와 다르지 않다. 그렇다면 정신에 왜 분리작용이 일어나는
지 우리는 묻지 않을 수 없다. 우리는 제 4장에서 자네가 내놓
은 답을 이미 설명했다. 자네가 보기에 분리작용은 심리적 힘의
수평선이 낮아졌기 때문이고 의식적 종합력이 약해졌기 때문이
다. 정신병은 격렬한 정감 뒤에 생겨나는데 격렬한 정감이 심리
적 힘을 소모시켰기 때문이다. 프린스는 이 설에 퍽 의문을 가
졌다. 정신병을 앓는 환자에겐 종합하는 능력이 결코 결여되지
않았던 것이다. 만약 종합능력이 완전히 결여된다면 모든 시스
템이 분열되어야 한다. 하지만 사실은 그렇지 않았다. 예컨대

이중인격을 앓는 이는 두 가지 인격이 비록 분리되지만 첫 번째 인격과 두 번째 인격 속에 함유된 시스템은 각기 한쪽을 종합할 수 있었다. 바꿔 말해 인격의 전체는 비록 첫 번째 인격과 두 번째 인격으로 분리됐지만 첫 번째 인격과 두 번째 인격 자체는 분열되지 않았다. 이 사실은 분리작용이 종합능력의 취약으로 설명될 수 없다는 점을 입증한다.

충돌작용

프린스는 그것을 '충돌'(Conflict) 혹은 '배제'(Inhibition)란 것으로 해석했다. 마음은 동시에 두 곳에 쓰일 수 없는데, 이 곳 소리를 들으면서 저 곳 경치를 볼 수는 없고 저 곳의 경치를 보다보면 이 곳 소리를 잊어 버린다. 이러한 상호충돌은 A가 B를 배제한 것이 아니면 B가 A를 배제한 것이다. '배제' 현상은 감정이 동원될 때 특히 강렬하다. 예컨대 분노를 나타낼 때 모든 정신은 어느 한 대상위에 집중되고 사방의 소리는 들리지 않으며 주위의 사람도 보이지 않는데 바로 자신의 신체기관의 변화 역시 완전히 인식하지 못한다. 평상시 예의를 중시하다가도 분노할 때는 예의를 따지지 않고 평상시 이성을 중시하다가 분노할 때는 이성을 따지지 않는다. 요컨대 분노의 정감은 기타 모든 정감을 배제시키는 것이며 분노한 사람 혹은 사물의 관념이 기타 모든 관념을 밖으로 배제시키는 것이다. 이로부터 감정이 강렬할수록 의식범위(The Contraction of Consciousness)가 축소된다는 점을 유추해낼 수 있다. 극점에 달하면 하나의 관념이 의식을 모두 차지하는데 이러한 상태를 '독존관념'(Monoideism)이라 부르고 히스테리의 특징이다.

이러한 배제는 잠시적일 뿐이다. 물론 이따금 이 배제현상은 매우 오래일 수도 있다. 예컨대 병사들은 침략과 투쟁의 본능이 최대한 발달하면 결국 습관이 되고 기타 두렵고 겁을 내는 본능과 정감은 점차로 소멸된다. 다른 예로 종교에 몰입하는 사람은 최대한 종교적 정감을 발전시키고 그 뒤 종교와 무관한 사물엔 흥미를 일으키지 않는다. 습관과 정감은 모두 장기적인 심리작용이고 습관과 정감의 양성은 바로 배제작용에 의해 진행되는 것이다.

배제는 왜 분열을 야기하나

'배제'는 왜 '분열'을 야기할까? 바꿔 말해 A가 B를 배제하는데 B가 왜 독립적으로 생존되고 이따금 A를 내몰며 의식계를 탈환할 수 있을까?

본능의 배제와 정조의 배제

여기서 우리는 본능의 배제와 정조의 배제가 다르다는 점을 설명해야 한다. 본능은 완전히 배제되는 경우가 아주 적다. 만약 그것이 완전히 배제된다면 그것은 다시 나타날 수가 없다. 왜냐하면 본능은 단순히 충동인데 배제된다는 것은 바로 궤멸되는 것이며 '신경흔적'이 남겨져 재활성화의 단서가 될 수 없는 것이기 때문이다. 정조(Mood)는 정감과 관념의 혼합물이다. 모든 관념에는 '신경흔적'이 남겨져있다. 그래서 정조는 비록 억압되더라도 정조에 부속해있던 정감은 정조가 포함하는 관념에 의탁되어 '신경흔적'에 잠재할 수 있다. 뒷날 그것을 배재했던 것이 만약 모종의 정황으로 인해 세력을 잃으면 정조는 관념의 재현으로 인해 재현될 수 있다. 정조는 배제된 뒤에도 잠재하고 재현될 가능성이 있는데 바로 분리작용의 가능성이다.

잠재의식의 확대

독존정조는 배제가 되면 2차적 인격을 형성시킬 수 없지만 2차적 인격의 축소판이 된다. 프린스는 하나의 아주 중요한 원칙을 설정했는데 바로 "모든 배제된 정조, 기능 혹은 관념은 기타 유사하게 관련된 정조, 기능 혹은 관념의 흡수로 인해 증대될 수 있다." 잠재의식은 늘 의식을 '탈취'하는 것으로 스스로를 살찌운다. 따라서 의식범위가 축소될수록 잠재의식 범위는 커진다.

예1

우리들은 하나의 실례를 들어 이 원칙을 설명하는 것이 가장 좋다. 프린스는 최면암시를 사용하면서 어느 병든 부인으로 하여금 어거스트(August)라는 이름의 남성을 잊도록 했다. 영문으로는 8월 역시 어거스트(그녀가 배제하려고 한 것은 단지 그 남성의 이름이었다)인데 뒷날 그녀는 8월이라는 것 또한 잊어버려 7월과 9월 사이에 8월이 있는지 헷갈려 했다. 이 예시 속에서 잠재의식 속의 인명 어거스트는 원래 의식 속의 8월 어거스트를 '탈취'한 것이다. 여러 많은 배제된 정조, 기능 혹은 관념은 유사한 것들끼리 응집, 새로운 시스템을 이루는데 의식속의 유사하게 관련된 정조, 관념 혹은 기능을 다시 '탈취'하는 것으로써 스스로를 살찌운다는 것이고 그것이 오래되면 점차 이중인격 혹은 다중인격을 형성하게 된다.

예2

정감이 과도하게 격렬할 때 마음속에는 하나의 관념밖에 없고 그 나머지의 모든 것은 배제되면서 의식이 이중으로 분리된다. 이후 정감이 가라앉으면 배제된 관념, 기능과 정조가 또 망각 속으로부터 기억 속으로 용솟음쳐 원래 배제됐던 것이 차츰 배제를 하는 쪽으로 변화한다. 그래서 정신병은 생겨나오면서 한동안 삶의 역사에 있어 극렬하고 선명하지만, 정신이 환기되면서는 완전히 일상의식에 의해 잠재의식 속으로 배제된다. 환자는 늘 질병 발생 경과를 잊는데 바로 이 때문이다. 프린스는 시계탑 보는 것을 두려워하는 어느 부인을 치료했는데 그녀에게 왜 두려워하는지를 물으면 그녀는 알지 못했다. 그는 자세히 연구하면서 이 병의 근원이 25년 전에 잠복해 있다는 점을 발견했다. 그때 그녀는 15살이었고 그녀의 모친은 중한 병을 앓고 있었는데 치료가 효험을 보지 못했다. 병실 옆에는 시계탑이 있었다. 그녀 모친의 임종 시에 마침 종소리가 울렸다. 종소리는 당시의 비통한 감정과 연락작용이 발생했다. 그녀의 마음속에는 또 일종의 환각이 있었는데 모친의 죽음이 그녀가 주도면밀하게 보살펴드리지 못한데서 비롯됐다고 여겼던 것이다. 이후 그녀는 이 아픈 과거를 돌이키고 싶지 않았으므로 그것을 잊어버렸다. 하지만 모친이 임종할 때의 정경은 잊지 않았고 애통한 감정은 여전히 존재했는데 여전히 존재하는 것이 종소리와 연락작용이 발생한 것이다. 이 관계는 아래 그림과 같다.

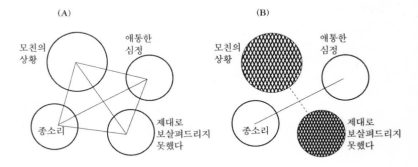

그림 (A)는 정신병이 기원하는 당시의 정감과 관념의 관계를 대표한다. 그림 (B)는 분리작용 뒤의 정감과 관념의 관계를 대표한다. 환자는 '제대로 보살펴드리지 못했다'를 생각하는 것이 두려우므로 '모친의 상황'을 완전히 잊었다. '제대로 보살펴드리지 못했다'와 '모친의 상황'의 관념과 정감은 점차 잠재의식 속에서 스스로 시스템을 형성하고 원래 애통한 감정은 종소리의 관념에 부착돼 존재하므로 종소리를 들으면 비록 모친의 상황을 기억할 수 없다 해도 모친의 상황에 대한 애통한 감정이 불러일으켜질 수 있다.

정신병과 '최면 후 암시'가 유사하다

이러한 종류의 현상은 프로이트의 관점에서 보면 억압작용에서 비롯된다. '제대로 보살펴드리지 못했다'는 일종의 죄악의식이고 고통의 기억을 일으킨다. '모친의 상황'이 생각나면 '제대로 보살펴드리지 못했다'가 떠올려지는 것을 면할 수 없으므로 의식작용은 고의로 그것들을 억압해 간다. 프린스가 일컬은 '충돌'과 프로이트가 일컬은 '억압'은 비슷해 보이지만 실은 구별된다. 프로이트에 의하면 의식은 무의식을 검사할 수 있고 양자 가운데는 사실 분리가 없지만 프린스에 의하면 1차 의식과 2차 의식은 분리가 되면 두 곳이 공존하지 않는데, 두 개의 물질이 동시에 한 곳에 존재할 수 없다는 물리학적 규율과 마찬가지로 고의적으로 상호 억압한 것이 아니고 '검사'란 것도 성립하지 않는다. 비통한 기억을 망각하는 질병을 프린스는 '최면에 걸린 후의 암시'와 유사하다고 여겼다. 최면 뒤 암시가 있을 때 피최면자는 깨어난 뒤 어느 책 몇 쪽을 펼쳐봐야 한다고 일러주면 깨어난 뒤 그대로 따라하지만 최면 중에 암시를 받았다는 점은 기억하지 못하는데 왜 그 책의 몇 쪽을 펼쳤는가를 물으면 그는 스스로 이상야릇한 것이다. 프린스가 보기에 최면 속에서 암시한 하나의 관념(즉, 책의 몇 쪽을 보라)은 잠재의식 속에서 최면이 경과한 것에 관한 관념이 일제히 배제되어버린다. 바꿔 말해 최면을 받은 이는 암시적 관념을 받아 전적으로 한 가지에 집중함으로써 기타 관념은 마음속에서 없어지므로 암시한 관념은 기타 관념과 연락작용이 발생하지 않는 것이다. 양자 가운데 연계가 없으므로 A가 환기될 때 B는 환기될 수 없다. 정신병을 앓는 이의 비통한 기억 역시 최면 뒤의 암시된 관념과 마찬가지이며 기타 경험과 연락작용이 발생하지 않으므로 두 가지가 분리되면서 양자가 동시에 출몰하지 않는다.

다중인격의 실례

위에서는 학리적 이치만을 언급했는데 실례를 들어 설명해 보자. 프린스의 학설은 완전히 그가 진료했던 여성 뷰챔프(아래에서 B로 약칭)의 삶의 역사에 근거한다. 그 요지를 언급해본다.

B는 어릴 적에 불행한 일을 겪었다. 부친과 무난한 관계가 아

니었다. 그녀는 비록 모친의 사랑을 받기는 했지만 모친은 그녀
를 대하면서 늘 가시가 돋쳐 있었다. 그녀는 늘 가정의 변고를
겪었고 모친이 돌아가신 뒤 가정에 관심이 줄어들었으므로 홀
로 먼 병원에 가서 간호사가 됐다. 18살(1893년) 때 폭풍이 한
차례 불어 닥친 어느 날 저녁 그녀는 간호사실 창 밖에서 누군
가가 도움을 요청하는 것을 발견했다. 그녀는 처음에는 환각이
라 여겼는데 자세히 보니 머리를 내민 사람은 바로 그의 애인 J
였다. 원래 J는 그 지역에 살고 있지 않았는데 그날 저녁 뉴욕
에 왔던 차에 병원에 들렀던 것이었으며 옆 층계를 따라 자신의
여자친구가 어떻게 일하는지를 보러온 것이었다. 본래 신경이
쇠약했던 그녀는 폭풍우가 쏟아졌던 밤에 J의 얼굴을 문득 보고
나서 크게 놀라지 않을 수 없었다. 평상시 순결을 중시했던 이
여성은 J와도 플라토닉 사랑만을 했었으므로 J가 자신을 찾아
온 것이 매우 뜻밖이라는 느낌을 받았다. 결과 그녀는 강렬한
정감의 격동을 일으켰고 그 뒤 그녀의 성격은 완전히 변화해서
예전과 완전히 다른 사람이 됐다.

　이 새로운 성격은 6년간(18세에서 23세까지) 존속했다. 그녀
는 이 기간의 마지막께에 프린스를 찾아(1898년) 진료를 받았
다. 프린스는 이 시기에 B의 성격은 간단히 말해 BI이었다고 말
했다.

　프린스는 최면술을 써서 그녀를 치료했다. 최면상태 속에서
B의 성격은 BI과 아무런 차이가 없었다. 그는 최면상태 속의 B

를 BIa라고 불렀다.

하지만 뒷날 비교적 깊은 최면상태 속에서 B는 또 그 밖의 새로운 성격을 나타냈는데 BIa와 완전히 달랐다. BIa는 단지 BI이 최면을 받은 것이었고 이 새로운 성격은 BI과 정반대였으며 최면에 걸리지 않은 가운데도 자주 출현했다. B는 이 세 번째 상태 속에서 스스로를 Sally라고 불렀고 '그녀'를 BI이라 하면 그녀는 자신이 아닌 다른 사람을 부른 것이라고 여겼다. 프린스는 Sally를 BIII라고 부르기로 했다. 뒷날 BI과 BIII는 늘 상호 교체하며 출현했는데 동시에 두 가지 성격이 출현하진 않았다.

B의 성격변화는 이에 그치는 것만이 아니었다. 그녀는 24세 때(1899년) 즉, 진료를 받은 이듬해가 됐을 때 어느 날 저녁 자신을 찾은 프린스를 7년 전에 자신을 놀라게 한 J로 오인하는 것이었다. 이러한 종류의 환각은 또다시 그녀에게 한차례의 정감상의 격동을 일으켰고 B는 BIV라는 새로운 성격을 나타냈으며 BI 및 BIII와 또 다른 것이었다. 그 뒤 BI, BIII, BIV의 삼중의 인격이 그녀에게 교체 출현했는데 가령 한때의 의식계에서 나머지 두 가지는 잠재의식 속으로 퇴향되어 가는 것이었다. BIII는 늘 BIV를 조소하면서 그녀를 '바보'라고 했다.

요컨대, B는 삼중 인격을 지니고 있었다. 하나는 BI이었고 하나는 Sally로 자칭한 BIII였으며 하나는 Sally가 '바보'라고 부른 BIV이었다. 현재 이 세 가지 서로 다른 인격을 간략히 묘사해본다.

프린스는 BI은 '성인'(Saint)의 성격이라고 칭했다. 그녀는 종교에 몰입해 있었고 스스로를 굳게 고무하고 있었는데 비록 사교에는 적극적이지 않았지만 따사롭고 예절 바랐으며 화도 쉽게 내지 않았다. 그녀는 학교에서 성적이 가장 좋았고 장학금을 받았으며 스스로도 특별히 노력했다고 여겼고 선생님은 놀이를 권했지만 그녀는 늘 책을 떼어두려 하지 않았다.

BIV가 지녔던 것은 '여인'의 성격이었다. 그녀는 본래 성격이 급했고 조금만 뜻에 벗어나도 타인과 다투었으며 이기적이었고 야심이 컸으며 사교를 좋아하고 활동을 즐겼다. 종교와 학문에는 그다지 흥미가 없었는데 이는 BI과 상반된다. 그 형식으로 볼 때 BI은 매우 연약했고 쉽게 피로를 느꼈다. BIV는 강건했고 일의 피곤함을 매우 잘 견뎌냈다.

BIII 혹은 Sally가 지녔던 '아이'의 성격에서 그녀는 아주 놀이를 좋아했고 수영, 축구 등 갖가지 운동에 특별한 흥미를 느꼈다. 그녀는 무척 급해 예의를 잊었고 짓궂은 장난을 좋아했는데 가령 BIV를 '바보'라고 불렀다. B는 원래 아주 높은 교육을 받았고 라틴어와 프랑스어에 정통했지만 Sally는 그에 비하면 완전히 교육받지 못한 여성이었고 라틴어와 프랑스어를 모두 하지 못했다. B는 평상시 글씨를 아주 잘 썼고 Sally의 글씨체는 무척 삐뚤빼뚤했다.

B는 이미 삼중의 인격을 지녔으며 뒤에 BIV는 최면을 받으면 그 밖의 또 다른 인격이 출현했는데 프린스는 그것을 BII라고

불렀다. 성격으로 말하면 BII는 BI과 BIV가 종합돼 형성된 것이었다. 그녀(BII)는 한편으로 BI의 연약하고 의존적인 성격과 종교적 파묻힘이 없었고 다른 한편으로는 BIV의 조급한 성미와 이기심도 없었다. 그녀는 처세를 함에 매우 담백했으며 언행 역시 적당하고 자연스러웠다. 요컨대, 그녀는 BI과 BIV의 이점을 모두 지녔고 그녀의 단점은 없었다. Sally 혹은 BIII의 성격은 BII 속에서 완전히 흔적을 감췄고 이는 다시 말해서 BII가 의식에 출현할 때 BIII의 모든 부분이 전부 잠재의식 속으로 퇴행됐다는 것을 말하는 것이다.

이 네 가지 인격의 상호 관계는 아주 주의를 기울일 만 하다. BI과 BIV는 서로를 조금도 인식하지 못했다. B는 BIV가 될 때 BI이 출현한 시기(18세에서 23세)에 대해서 6년의 역사를 완전히 망각했다. 그녀는 BI으로 돌아갈 때 역시 BIV 때의 모든 경험을 잊어버렸다. BI과 BIV는 모두 Sally 혹은 BIII를 알지 못하지만 BIII는 BI과 BIV를 인식할 수 있었다. Sally는 늘 기록을 할 때면 자신이 BI과 BIV의 경험을 또렷하게 기억할 수 있다고 했지만 그것들이 자신의 것이라고 여기진 않았다. 그녀는 말하길 "그것들의 정감과 지각을 나는 인식할 수 있다. 하지만 그것들은 나 밖의 것이다. 나 자신의 의식의 흐름은 그것들과 절대 섞일 수는 없다"고 했다. BII와 기타 삼중 인격과의 관계 역시 흥미롭다. 그녀는 BI과 BIV의 경험을 인식할 수 있었지만 BI과 BIV는 그녀의 경험을 인식할 수 없었다. 그녀는 BIII의 경험을 인식할 수 없었지만 BⅢ는 그녀의 경험을 인식할 수 있었다. 이 몇 가지 인격의 상호관계는 언뜻 보면 퍽 복잡해서 헷갈리기 쉽다. 아래 그림을 보면 분명해질 수 있다.

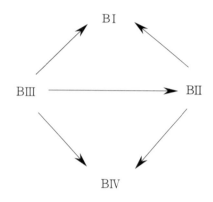

그림에서 →는 의식의 방향을 표시하고 이를테면 BⅢ→BⅡ이며 즉 BⅢ가 BⅡ의 경험을 인식할 수 있다는 것을 말하는데 BⅡ는 BⅢ의 경험을 인식할 수 없다.

프린스는 BⅡ를 B의 진면모로 간주했다. BⅡ가 분리작용을 경과하면 그 뒤로 BⅠ과 BⅣ가 생겨난다. B의 정신병은 BⅠ과 BⅣ가 합쳐질 수 없는데서 비롯된다. BⅠ과 BⅣ가 BⅡ로 복합된 뒤엔 곧 B의 정신상태가 정상을 회복한다. 프린스는 의사의 임무는 즉 분열된 인격 속에서 원래의 건전한 인격을 찾아내는 것이라고 여겼으며 바꿔 말하면 즉 이미 분리된 이중 혹은 다중 인격을 종합시켜 하나의 인격으로 환원시키는 것이다.

우리는 BⅢ를 해석하지 않았다. BⅢ 혹은 Sally는 어떻게 발생해 나온 것일까? 우리들은 위에서 이미 BⅢ가 '아이'의 성격이라는 점을 언급한 바 있다. 프린스는 B가 아이일 때는 BⅡ가 아직 형성되지 않았고 그 성격이 BⅢ라고 여겼다. BⅡ가 형성된 후는 BⅢ의 애티가 BⅡ의 성인심리와 상호 융화되지 않으므로 잠재의식 속으로 퇴향하는 것이었다. 만약 BⅡ로 분리되지 않는다면 BⅢ는 영원히 나타날 희망이 없다. BⅡ가 분리가 되면 원래 BⅢ를 배제했던 성격이 다시 존재하지 않으므로 BⅢ가 또 늘 머리위로 나타난다. BⅠ과 BⅣ가 BⅡ로 복합될 때 BⅢ를 배제했던 힘 역시 환원되므로 BⅢ는 점차 다시 나타나지 않는다.

프린스 학설에 대한 비평

대체적으로 말해서 프린스의 사상은 자네와 일치한다. 그들의 학설의 중심은 마찬가지로 '분리작용'이다. 프린스는 그것에 '부의식'이란 개념을 첨가했다. 이 개념 역시 많은 난점이 있는데 맥두걸의 저술(Proceeding of the Society for Psychical Research vol. XIX와 vol. XXXI 참조)과 미첼(T. W. Mitchell)의 저술(Self and Co-consciousness 참조)에서 상세하게 토론된 바 있다. 우리는 위 예시를 들어 난점을 설명하는 것이 가장 좋다.

BⅠ과 BⅣ는 BⅡ로부터 분열돼 나왔다고 할 수 있지만 BⅢ는 분열작용의 결과라고 할 수 없는데 BⅢ는 BⅡ와 근원적으로 한

데 연계됐던 적이 없기 때문이다. 만약 '분열작용'이란 원리로 모든 것을 해석한다면 BIII가 어떻게 생장한 것인지 해석하는데 큰 어려움이 있다.

그다음, 여러 인격간의 관계가 왜 다른 것인가의 문제이다. 우리는 이미 BI과 BIV가 상호 인식할 수 없다는 것을 언급한 바 있고 상호 인식할 수 없는 이러한 현상은 분리작용으로 해석할 수 있다. BIII는 BI과 BIV의 경험을 인식할 수 있지만 BI과 BIV 는 BIII의 경험을 인식할 수 없다. BI과 BIV의 관점에서 보면 BIII는 분리된 것이지만, BIII의 관점에서 보면 BI과 BIV가 인격이 분열된 것이라고 보기 어려운데 이 역시 커다란 난제이다.

이에 그치는 것만이 아니다. BIII는 BI과 BIV의 경험을 인식할 수 있지만 또 이미 그것을 현재 지니고 있지 못하다고 여긴다. 프린스는 이러한 사실을 '부의식'의 증거로서 간주했다. 하지만 두 개의 의식이 동시에 병존하는 까닭에 대해 그것의 '주체' (Subject) 혹은 '자아'(Ego)가 하나인지 둘인지에 대해 분명치가 않다. 바꿔 말하면, B가 BIII일 때는 물론 BIII를 인식할 수 있지만, 동시에 또 BI과 BIV를 인식할 수 있다면, BIII를 인식한 '자아'가 BI과 BIV를 인식한 '자아'와 같은 것 아니냐는 것이다. 한 사람에게 많은 '자아'가 있다는 것을 인정하면 해결하기 어려운 많은 문제가 나타나는 것을 면할 수 없다. 만약 같은 것이라면 곧 중심 의식에는 자각이 있고 가장자리 의식에는 자각이 없다는 프린스의 학설 자체가 성립될 수 없다. 엄격히 말해서 의식이 있으면 의식하는 이가 있고 '의식'(Awareness)이 없으면 '자기'(Self)란 것이 없는 것이므로 자각이 없는 의식이라는 그 것이 이치에 맞지 않는 명사 아니냐는 것이다.

참고문헌

(1) 참고서적

제2장

1. J.M.Charcot, Oeuvres completes.(Chateauvoux, Paris, 1885-90)

2. A.A.Liébeault, Du Sommeil et des états analogues. (Paris, 1866)

3. A.A.Liébeault,Thérapeutique Suggestive.(Pɛris, 1891)

4. Bernheim,De la Suggestion et de ses Applications à la thérapeautique.(Evreax, Paris, 1886). English version translated by C.A.Herter.(London, 1890)

5. Bernheim, Hypnotisme, Suggestion, Psychothérapie, études Nouvelles.(Doin, Paris, 1891)

6. P.Janet,Médications Psychologiques Part II.

제3장

1. E.Coué,My Method.(Heine Mann, London, 1923)

2. E.Coué,Self-Mastery.(Allen&Unwin, London, 1923)

3. Charles Baudouin,Suggestion et Autosuggestion.

(Neuchâtel, Paris, 1920). English version translated by Paul.(Allen&Union, 1924)

4. Charles Baudouin, études de Psychoanalyse. (Neuchâtel, 1922). English version translated by Paul.(Allen&Union, 1922)

5. Charles Baudouin, Psychoanalysis and Aesthetics. (translated by Paul, 1924)

제4장

1. Pierre Janet, L'automatisme Psychologique.(Paris, 1889)

2. P.Janet,Etats Mental des hystériques.(Paris, 1895). English version translated by C.R.Corson.(NewYork, 1910)

3. P.Janet, Les M'edications Psychologiques.(Alcan, Paris, 1919).English version translated by Paul, Psychological Healing.(Allen&Unwin, 1925)

4. P.Janet,The Major Symptoms of Hysteria.(NewYork, 1920)

5. P.Janet, Psychologie Expérimental et Comparée. (Paris, 1926)

제5장, 제6장

1. Sigmund Freud, The Interpretation of Dreams.
   (translated by Brill, Allen&Unwin, 1913)

2. S.Freud, Psychopathology of Everyday Life.
   (translated by Brill, Fisher&Unwin, 1914)

3. S.Freud, Introductory Lectures on Psychoanalysis.
   (Allen&Unwin)

4. S.Freud, Three Contributions to The Sexual Theory,
   2nd Edition.(NewYork, 1917)

5. S.Freud, Totem and Taboo.
   (translated by Brill, London, 1919)

6. S.Freud, Wit and its Relations to the Unconscious.
   (translated by Brill, Allen and Unwin, 1922)

7. S.Freud, Group Psychology and the Analysis of the
   ego.(Hogarth Press, 1922)

8. S.Freud, Beyond The Pleasure Principle.
   (London, 1922)

9. S.Freud, Collected Papers, Vols I–IV.
   (Hogarth, 1924–25)

10. S.Freud, The History of the Psychoanalytic Movement.
    (translated by Brill, NewYork, 1917)

11. F.Whittels, Sigmund Freud. (Allen&Unwin, 1924)

제7장

1. C.G.Jung, Psychology of the Unconscious.
   (translated by Hinke, NewYork, 1916)
2. C.G.Jung, Collected Papers on Analytic Psychology.
   (translated by C.E.Long, London, 1917)
3. C.G.Jung, Psychological Types.
   (translated by Baynes, London, 1923)
4. Van de Hoop, Character and the Unconscious.
   (Kegan Paul, 1923)
5. J.Corrie, A.B.C. of Jung's Psychology.
   (Kegan Paul, 1927)

제8장

1. Alfred Adler, The Neurotic Constitution.
   (Kegan Paul, 1921)
2. A.Adler, The Practice and Theory of Individual
   Psychology.(Kegan Paul, 1924)
3. A.Adler, Studies in Organ Inferiority.
   (translated by Jelliffe, NewYork, 1920)
4. A.Adler, Understanding Human Nature.
   (translated by Wolfe, London, 1927)
5. Mairet, A.B.C. of Adler's Psychology.

(Kegan Paul, 1928)

제9장

1. Morton Prince, The Dissociation of a Personality.
   (Longmans, 1906)
2. M.Prince, The Unconscious.(Macmillan, 1924)
3. M.Prince, The Theory of the Psychogenesis of Multiple
   Personality.(Journal of Abnormal Psychology, 1920)
4. Taylor, Moton Prince and Abnormal Psychology.
   (London, 1928)

(2) 간결한 책 목록

본서에서 직접 다룬 것들

1. Bernheim, De la Suggestion et de ses Applications à
   la therapeutique.
2. Baudouin, Suggestion et Autosuggestion.
3. Janet, Les Médications Psychologiques.
4. Janet, The Major Symptoms of Hysteria.
5. Freud, The Interpretation of Dreams.
6. Freud, Introductionary Lectures on Psychoanalysis.
7. Jung, Collected Papers on Analytical Psychology.
8. Jung, Psychological Types.

9. Adler, The Practice and Theory of Individual Psychology.

10. Adler, The Neurotic Constitution.

11. Morton Prince, The Unconscious.

12. Morton Prince, The Dissociation of a Personality.

본서에서 직접 다루지 않은 것들

1. K.Abraham, Dream&Myths.(Nervous&Mental Disease Publishing Co., NewYork, 1913)

2. A.Binet, La Suggestibilité, Bibliothéque de Pédagogie et Psychologic.(Paris, 1900)

3. A.A.Brill, Psychoanalysis.(Saunders, London, 1914)

4. Campbell&others, Problems of Personality. (Kegan Paul, London, 1925)

5. S.Ferenczi, Contributions to Psychoanalysis. (Gorham Press, Boston, 1916)

6. J.C.Flügel, The Psychoanalytic Study of the Family. (Hogarth Press, London, 1912)

7. B.Hart, The Psychology of Insanity. (Cambridge Press, 1919)

8. E.Jones, Papers on Psychoanalysis. (Baillière, Tindall&Cox, London, 1918)

9. E.Kraepelin, Lectures on Clinical Psychiatry.

(Baillière, Tindall&Cox, London, 1913)

10. W.Mcdougall, Outline of Abnormal Psychology.
    (Mathven, London, 1926)

11. T.W.Mitchell, The Psychology of Medicine.
    (Mathven, London, 1926)

12. Otto Kauk, The Myth of the Birth of the Hero.
    (Nervous&Mental Disease Pubilishing Co., NewYork,
    1926)

13. W.H.R.Rivers, Instinct and the Unconscious.
    (Cambridge Press, 1922)

14. B.Sidis&S.P.Goodhart, Multiple Personality.
    (Appleton, NewYork, 1919)

15. W.S.Taylor, Reading in Abnormal Psychology.
    (Appleton, NewYork, 1927)

16. W.Trotter, The Instincts of the Herd in Peace and
    War.(Macmillan, London, 1916)

17. W.A.White, Outline of Psychiatry.
    (Macmillan, NewYork, 1925)

18. Watson, Koffka&Others, The Unconscious:A Symposium.
    (NewYork, 1927)

19. The International Journal of Psychoanalysis.
    (Baillière, Tindall and Cox, London)

20.J.Rickwan, Index Psychoanalyticus:1893—1926.
(Hogarth Press, London, 1927)

부 록

심리학의 범위에 대하여 근대심리학자들에겐 하나의 쟁점이 있는데 두 파로 나눌 수 있다. 하나는 윌리엄 제임스(William James)처럼 자기반성에 편중하여 심리학을 의식에 관한 과학 (The Science of Consciousness)으로 본다. 하나는 존 워슨 (John Watson)처럼 관찰에 전념하여 심리학을 행위에 관한 과학(The Science of Behaviour)으로 본다. 행위주의파 학자들은 행위 이외에 심리학의 재료로 삼을 수 있는 다른 것이 있다는 점을 인정하지 않으며 의식과 무의식이 물론 관심영역에 포함되지 않는다. 자기반성이 도달하는 곳 역시 의식범위를 벗어나기 어렵다. 그래서 의식학파와 행위주의학파에는 상통하는 구석이 있는데 그들은 모두 무의식이라는 일면의 심리를 홀시해 버린다는 것이다. 그러나 무의식의 존재는 부인할 수 없는데 우리는 작업에 매달리면서 사랑하는 이를 생각할 순 없고 동쪽을 생각하다보면 서쪽을 잊어버린다. 이들 의식역 이외의 심리상황 역시 심리학자들에게 홀시되어선 안 되므로 근래 무의식 연구가 차츰 빛을 뽐고 있다. 1909년 제네바 국제심리학회의에서는 무의식 문제가 중요한 토론의 한가지이었으며 요 몇 년 들어 무의식에 관한 저술의 출판 역시 매우 두각을 나타내고 있다.

비엔나대학 교수 프로이트(Sigmund Freud)의 지론은 무의식을 논하는 다수의 학자들과 꼭 모두 같은 것은 아니다. 그러나 그의 학설이 근대심리학자들이 무의식을 연구하도록 하였다는 점은 이미 세계가 공인하고 있다. 프로이트적 무의식학설 (Freudian Theory of the Unconscious)과 심리분석(Psycho-Analysis)은 심리학에 새로운 형식을 창조했을 뿐 아니라 예술, 문학, 종교, 윤리, 교육, 의학 등에도 역시 새로운 면모를 심어주었다. 십 년 전 심리학계는 비록 그의 학설에 크게 진동하였지만 대다수 학자들은 여전히 그를 탐탁지 않게 여겼다. 1차 세계대전이 끝나면서 프로이트는 연합국들과 마찬가지로 행운이었고 큰 승리를 거두었다. 많은 병사들이 일종의 신경병을 앓았는데 명의사 맥커디(McCurdy) 등의 여러 연구에 따르면 각종 병황이 프로이트의 학설과 다수 상호 융화할 수 있다는 것이었다. 그의 심리분석법은 신경착란증을 앓는 많은 이들을 치료할 수 있었다. 그리하여 프로이트가 심리학계의 찰스 다윈 (Charles Darwin)이 되었다. 중국의 각 잡지에서는 이따금 한두 차례 프로이트학설이 언급되었는데 모두 상세하진 못하며 어쩌면 효력을 제대로 발생시킬 수 없을는지 모른다. 내가 그래서 간명한 방법으로 그의 대요를 한번 서술해 본다.

이 논문은 9개의 단락으로 나뉜다. 1.프로이트의 무의식학설 2.무의식과 꿈의 심리 3.무의식과 신화 4.무의식과 신경병 5.무의식과 문예와 종교 6.무의식과 교육 7.심리분석 8.심리분석과 정신병리학 9.결론이다.

1. 프로이트의 무의식학설

무의식은 유년 시기에서 기원한다. 아동은 교육의 영향을 아직 받지 않았을 때 천진난만한데 원시적 충동작용으로 인해 애티적 욕망이 뱃속 가득 저장되어있다. 이러한 종류의 욕망은 대부분은 사랑 혹은 색욕과 밀접한 관계가 있다. 뒷날 나이가 점차 많아지면서 그들은 습속과 교육의 영향을 받기 때문에 그 애티가 나는 욕망이 대부분 윤리, 습속, 법률, 종교 등등과 상호 충돌한다는 점을 발견한다. 그리하여 그들은 부득이 신고(辛苦)를 인내할 수밖에 없고 원래 사회적으로 용납되지 않는 욕망을 압제함으로써 환경에 적응해간다. 예컨대 그는 전에는 가까운 친인척과 혼인하고 싶어 했지만 지금은 이러한 일이 그다지 아름답지 못하다고 생각해서 그의 생각을 없애버리는 것이다. 그러나 그들은 이러한 종류의 극기(克己)적 공부에 대해 그 당연함을 알지만 왜 그러한 것인지는 알지 못한다. 압제된 그 욕망들은 결코 완전히 박멸되지 않았는데 의식 무대의 뒤편에 감춰져있는 것이다. 그것들은 여전히 마음속에 존재하는데 원래처럼 활동하고 있지만 주체를 감추고 있어 그의 의식으로 알아차릴 수 없을 뿐이다. 바꿔 말해 그것들은 압제된 뒤에 무의식(The Unconscious)으로 바뀌는 것이다. 성년이 된 뒤 비교적 비천한 생각은 모두 이렇게 주체에 의해 의식역 밖으로 축출되고 비교적 고상한 삶의 목적에 양보해서 현실적 경로를 찾아 나선다는 것이다. 어느 정도 목표를 바꾸었다는 것은 어느 정도 욕망을 압제한 것이다. 만약 뒷날 압제된 욕망이 예전의 것과 성질이 서로 같을 경우엔 그들이 반려자로 복합이 되어 한데 엮이게 된다. 무의식은 이처럼 점차 증대되고 강물의 원줄기가 흘러들어오는 물줄기의 영향을 받는 것과 같다.

무의식과 통상적 기억(Memory)은 같지 않다. 프로이트는 통상적 기억을 전의식(Preconscious)이라고 불렀다. 전의식과 무의식에는 두 가지 크게 다른 점이 있다. 첫째, 전의식은 필요할 때 불러내서 의식역 위로 재현시킬 수 있지만 무의식은 심리적 이상을 일으킬 때 혹은 심리분석을 사용할 때를 제외하면 의식역 위로 재현시키는 것이 쉽지 않다.

방금 무의식이 활동을 한다고 하지 않았던가? 왜 우리에겐 발각되지 않는 것일까? 프로이트는 의식과 무의식이 적대적 위치에 놓이고 경계가 삼엄해서 하나는 문안에, 다른 하나는 문밖에 있는 것과 같다고 했다. 의식에는 일종의 압력(Repressing Force, Censor)이 있는데 이러한 종류의 압력은 문지기와 마찬가지로 "의식이란 곳은 중요한 곳이니 관계없는 이는 들어오지 말라"는 안내판 앞에 서서 수시로 무의식이 문을 뚫고 들어와 안정을 방해하는 것을 방어한다고 하였다. 심리가 건전할 때 의식의 압력은 늘 무의식적 잠재력보다 크므로 무의식은 일정한 범위를 넘어설 수 없어 스스로의 경계 내에서 활동할 수밖에 없다.

2. 무의식과 꿈의 심리

수면 중에 의식의 계엄은 이미 효력을 잃었으므로 그의 압력은 느슨해질 수밖에 없고 무의식이 그리하여 이 기회를 빌려 살며시 의식역 내로 몰래 넘어와 하고 싶던 바를 하게 된다. 그러나 그것은 의식과 원래 서로 알기에 의식이 발견하면 알아차려지게 되므로 그것은 모양새를 바꿔 진상을 드러내지 않는다. 이렇게 보니 꿈은 압제된 욕망이 환상 속에서 가면을 쓴 채 실현되는 것이다. 아침에 기억하는 꿈의 모든 것은 꿈의 진짜 의미가 아니고 진짜 의미의 화장(化裝)이라는 것이다. 프로이트는 이러한 종류의 화장을 꿈의 상징(Symbol)이라고 불렀다. 수수께끼와 비교해보면 꿈은 수수께끼의 외관이고 꿈의 진짜 의미는 수수께끼의 정답이다. 수수께끼의 정답은 수수께끼의 외관으로부터 추측해야만 비로소 발견될 수 있으며 꿈의 진짜 의미역시 일종의 추측을 거쳐야만 비로소 해석될 수 있다. 그러나이러한 종류의 추측은 점치는 선생의 그것과는 다르다. 프로이트의 꿈 해석은 과학정신을 지닌 심리분석법인 것이다. 이 층차에 대해선 아래 글에서 나누어 설명하기로 하고 예를 가지고 꿈을 좀 더 설명하기로 한다. 한 소년은 꿈속에서 어느 정원에 서 있었는데 사방을 둘러봐도 아무도 보이지 않아 사과를 하나 따서 먹었다. 심리분석법을 써서 그의 과거 경험을 환기시켰는데 많은 추억의 역사 속에서 이 같은 이야기가 있었다. 그는 원래 어느 여성하인과 감정을 나누었으며 전날 그녀와 만남을 갖기도 했으나 결과없이 헤어졌다. 프로이트의 견해에 의하면 이 이야기가 바로 사과를 몰래 훔친 꿈의 원인이다. 사과를 훔친 것은 하인과 기쁨을 갖는 욕망의 화장이다. 두 가지는 모두 창피스런 일이므로 막고 보호하는 관계가 생겨날 수 있었다. 사과를 훔친 것은 일종의 상징이고 하인과 기쁨을 갖는 것은 꿈의 진짜 의미이다. 이러한 일종의 보호적 절차는 의식의 압제를 벗어나기 위한 것이다. 여기서 자세히 설명해야 하는데 이는 일면의 프로이트적 수사에 불과하다. 여교수 콜킨스(Calkins)의 연구에 따르면 꿈은 수면 중 신체가 받은 자극, 감각에 남겨진 인상과 모두 밀접한 관계를 맺는다. 예컨대 가슴에 손을 얹고 자면 꿈에서는 괴물에 억눌리고 대낮에 읽던 책은 꿈속에서 면전에 놓이는 듯하다. 이러한 설은 프로이트의 편협함을 보충해 주기 충분하다.

3. 무의식과 신화

민족의 진화는 개인의 생장과 마찬가지로 찾을 수 있는 단계가 있다. 민족의 유년기에는 사회단체 역시 많은 공동의 애티적 욕망이 함축되어 있다. 뒷날 민족의 지혜가 차츰 트이고 문화가 점차 흥성하면서 조상이 희망했던 바가 많은 부분 사실과 상호 충돌하므로 그리하여 역시 압제되어가는 것이다. 이는 민족적 무의식이란 것의 유래이다. 민족적 무의식은 일찍이 신화에 은연중에 나타나있다. 그래서 융(Jung)은 신화를 민족의 꿈이라 불렀다. 신화는 대부분 무계하고 현대 국민의 지식은 그것의 황당함을 충분히 알아차릴 수 있다. 그러나 사람들은 그래도 신화를 이야기하는 것을 좋아하는데 이것이 바로 무의식적 작용이다. 왜냐하면 그것은 비록 사실과 상호 충돌하지만 또한 사실을 방해하지는 않기 때문이다. 그것은 원시 인류의 욕망이 환상 속에서 실현된 것이라 할 수 있다. "비록 고기를 얻지 못하지만, 꺼내 얘기하는 것으로 즐거울 수 있다(雖不得肉, 聊且快意)"는 말이 있는데, 신화 역시 이러한 것이다. 중국 『봉신전(封神傳)』에서 말하는 구름과 안개를 타고 하늘을 난다는 것(騰雲駕霧), 『요재(聊齋)』에서 말하는 여우같은 요정과 결혼한다는 것(狐鬼婚姻)이 모두 원시 인류가 남겨 전해 온 욕망이다. 여러 사실을 보아낼 수 없어 꿈에 기대었던 것이다.

꿈과 마찬가지로 신화 역시 이따금 진면목을 보아낼 수 없고 빗대는 의미가 화장 속에 감춰짐으로써 의식의 압력을 피하였다. 프로이트가 분석한 오이디푸스 신화는 심리분석과 이상심리학 서적 속에서 자주 인용되는데 지금 그 대강을 서술해본다:

오이디푸스의 부친은 테베(Thebes)의 왕이었다. 오이디푸스가 출생했을 때 예언가는 그가 장차 부친을 살해해 모친을 얻을 것이라 하였으므로 태어나자마자 버려졌으며 그는 그리하여 이웃나라의 왕실에서 양육되었다. 뒷날 오이디푸스는 성년이 되어 테베를 여행하였는데 테베의 왕과 입씨름을 하다 그를 살해하였다. 테베인들은 사자몸과 인간얼굴을 한 괴물(스핑크스)에게서 고통을 당하였는데 오이디푸스가 그 괴물의 수수께끼를 풀어내 테베인들을 고통에서 구해냈으므로 테베인들은 오이디푸스를 왕으로 추대하였고 오이디푸스는 여왕을 아내로 맞이하였다. 실로 오이디푸스가 살해한 이는 즉 그의 부친이었고 맞아들인 이는 즉 그의 모친이었으니 예언자의 예언에 부합하였다.

프로이트는 인간이 태어나서 처음으로 사랑하는 대상이 즉 그의 모친이라고 하였다. 그러나 모친의 애정은 부친에 의해 점유되므로 인간은 태어나면서 처음으로 질투하는 대상이 즉 그의 부친이 된다. 오이디푸스가 부친을 살해해 모친을 맞이한 것은 비록 집요함에 따른 비고의적 과실이었지만 실로 원시인류와 아동은 늘 모친을 사랑하고 부친을 원망하는 관념을 면할 수 없으며 오이디푸스의 이야기는 원시인류의 욕망이 신화에서 은

연중에 드러난 것이라고 하겠다.

4. 무의식과 신경병

프로이트의 무의식설은 신경병을 연구한 결과이다. 그 처음에 어느 한 여성이 히스테리를 앓아 프로이트와 브로이어(Breuer)에게서 치료를 받았으며 그녀의 일생의 주요 경과를 이 두 의사에 전부 일러주도록 하였다. 일반적인 의약물로는 실효를 거두지 못했다. 그리하여 프로이트는 이 병증을 20년 넘게 세심히 연구함으로써 이 병의 내원이 이른 시기의 욕망이 압제된 뒤에 있으며 또한 항상 의식과 충돌을 빚는다는 점을 입증하였다.

심리가 건강할 때 무의식은 단지 꿈속에서 가면을 쓰고 출현한다. 만약 심리에 이상이 생기면 그리하여 의식의 압력이 약해지고 무의식이 의식계로 뛰어들어 의식과 충돌을 일으키면 신경에 착란의 현상이 일어나게 된다. 이러한 종류의 현상은 병이 있을 때 뿐 아니라 건강할 때 역시 종종 발견된다. 어느 여성은 그녀 자신이 사랑했던 사람을 빼앗아간 여자친구에게 편지를 쓰면서 끝부분에서 "나는 네가 건강하고 불행하기를 바란다(I hope You are well and unhappy)"고 하였다. 그녀는 이 여자친구에게 물론 어느 정도 질투심을 면할 수 없었지만 단지 마음속에서 아파할 뿐이었고 결코 입 밖으로 내지는 못하였다. 이번에 그녀는 다소 주의를 하지 않으면서 의식의 압력이 느슨해졌고 무의식이 밖으로 나와 폭소를 빚게 된 것이다. 이러한 종류의 비의도적 과실을 우리는 대체로 매일 마주한다. 프로이트는 그의 『일상생활의 정신병리학(Psycho-pathology of Everyday Life)』속에서 이러한 종류의 현상을 대단히 상세하고 재미있게 설명하였다. 지난 1차 세계대전 중에 영국과 프랑스 병사들은 신경병을 앓아 병원에 입원하는 경우가 대단히 많았다. 의사들은 전쟁신경증이 모두 포탄이 작렬할 때의 진동으로 초래된다고 여겼다. 누군가는 폭약 속의 일산화탄소로 말미암는다고 했다. 그래서 그들은 전쟁신경증을 '포탄충격증'(Shell-Shock)이라 통칭하였다. 그러나 누군가는 이 병증의 원인에 의심을 하지 않을 수 없었다. 왜냐하면 영국땅을 떠나지 않은 병사 중에서도 마찬가지의 병증이 발견됐기 때문이다. 연구 결과와 프로이트가 말한 무의식 작용은 상호 융화하였다. 전쟁 중에 병사의 심경은 대부분 극히 평안하지 못하다. 한편으로 전장에서 살인이 난무하는 광경은 그들로 하여금 시시각각 겁을 내게 만들었고 시시각각 운명을 도피하는 생각을 들게 만들었다. 한편으로 책임감과 애국심은 또한 운명 도피의 생각을 가까스로 압제했기에 무의식이 되었다. 전장의 상황은 하루가 다르게 긴박해져갔고 공포감과 책임감의 충돌은 하루가 다르게 강해지는 듯했다. 뒷날 무의식적 잠재력이 극도에 다다르면 맹렬히 폭발하지 않을 수 없었는데 신경이 착란을 일으켜 무질서해졌고 이것이 전쟁신경증의 원인이었다. 심리분석법은 이 병증을 완전히 치유할 수 있던 것이다.

5. 무의식과 문예와 종교

앞서 말했던 바대로 우리들의 심경은 그야말로 전쟁터이다. 한편으로 습속, 교육, 종교, 법률로 둘러싸여진 의식이 방어적 위치에 놓여 수시로 보루를 견고히 함으로써 예측하지 못한 일에 대비한다. 한편으로는 압제되어 무의식 속으로 간 어린아이 같거나 원시적인 마음이 또한 수시로 경계를 게을리 하지 않고 기회를 엿보아 움직인다. 이렇게 보니 우리들의 이성적 의식은 늘 위험한 위치에 놓이는 것이 된다. 그러나 무의식 역시 이용할 수 없는 것이 아니다. 그것이 포함하는 잠재력은 발산을 추구하지 않으면 안 된다. 만약 그것이 임의대로 자연스레 발산되게 한다면 기필코 사방으로 범람하게 되며 만약 그것을 일정하고 정당한 방면으로 인도해 이끌면 그것의 기능은 또한 매우 크다. 예컨대 싸움을 일삼는 사람은 용감한 병사로 훈련될 수 있고 꼭 강도가 되어야하는 것이 아닌데 이는 바로 그의 기운이 발산될 곳이 있기 때문이다. 무의식적 잠재력은 또한 단지 발산적 방향을 추구할뿐 좋고 나쁨과는 직접 유관치 않은데 이른바 "동쪽을 개발해 트이게 하면 동쪽으로 흐르고 서쪽을 개발해 트이게 하면 서쪽으로 흐른다(決諸東方即東流, 決諸西方即西流)" 『孟子·告子』는 것이 마침 아주 좋은 예이다. 예컨대 은연중에 과장기가 매우 많은 사람은 연설가로 단련될 수 있다. 은연중에 미용에 대한 관심이 매우 깊은 사람은 조각가 혹은 화가로 단련될 수 있다. 대체로 문예를 사랑하고 종교를 믿는 사람들은 모두 어느 정도 현실과 상호 충돌하는 애티를 지닌다. 시가와 소설은 늘 사유의 경지가 현묘한데 모두 무의식이 은연중에 드러난 것이다. 이러한 종류의 무의식은 만약 이처럼 드러나지 않는다면 자연스런 흐름에 어긋나 신경이 무질서하게 된다. 그것이 이처럼 드러날 수 있는 것은 나아가는 궤도가 습속, 도덕, 법률과 상호 충돌하지 않기 때문이므로 의식은 그것을 압제하지 않고 그것을 배제하지 않으며 그것을 조절할 뿐이다. 무의식이 이렇게 무익한 것에서 유익한 것으로 변하는 것을 프로이트는 '승화'(Sublimation)라고 불렀다.

6. 무의식과 교육

무의식이 인생에 이처럼 중요하고 그와 밀접하며 또한 절반 이상 유년기에서 기원한다면 그것은 교육과도 매우 관련이 있는 것이다. 대체로 전제 사회 하에서 개인은 외부로부터 받는 압력이 극히 크고 단지 눈을 감고 복종할 뿐이며 자신의 개성은 쉽게 무시된다. 이럴 때 부지불식 중에 많은 무의식이 조성된다. 만약 국민성이 자유를 좋아하고 사회에 까닭 없는 속박이 줄어든다면 사람들은 자율적으로 균형을 잡게 되고 매사에 사색을 할 수 있게 된다. 좋은 것이면 힘을 다해 목적에 도달하고 좋지 않은 것이면 자연히 희망의 마력이 있어선 안 된다. 이렇게 되면 무의식이 심어질 씨앗이 없게 된다. 그래서 학교와 가정은 아동의 자유사상, 독립과 자기존중을 격려함으로써 그들 자신이 사리를 깊이 판단, 좋지 않은 욕망에 압제되지 않도록 해야 한다. 여기까지 말하면서 필자는 중국 가정에서 아동을 대하는 태도가 정말 문제가 있다는 생각이다. 남녀 간의 교제를 예로 들면 같은 집안, 같은 핏줄끼리 가까이하는 것은 본디가 천성이다. 중국은 남녀 분계선이 유달리 엄밀하여 아동으로 하여금 극히 평상적인 일을 대단히 오묘하고 신기하게 생각케 만들어 점차 그들의 호기심을 기폭시킴으로써 기이하게 여길수록 그 저의를 의심케 하고 그 저의를 의심하고 싶을수록 사회적 방어벽은 엄밀해진다. 그리하여 아동은 그들의 욕망을 억지로 압제시켜나갈 수밖에 없다. 보통사람들은 이것이 사회적 압력이 성공된 것이라 여기지만 실은 화근이 여기에 심어져있다. 마음속에 발산할 수 없는 욕망이 무성해 있으므로 심리 발달이 자연스런 절차를 따를 수 없는데 이는 도덕과 지혜에 극히 큰 장애인 것이다. 소년들이 지은 시와 소설을 펼쳐 보면 전부 침울하고 의기소침한 기운을 종위 위로 드러낸다. 이것이 바로 의식과 무의식이 상호 충돌하는 현상인 것이다. 나는 아동이 자연스레 발전하는데 있어 반드시 거쳐야하는 경로로 나아가도록 하고 그들이 사물을 명찰하는 사변력을 연마하는 것을 격려하며 가장과 선생님들이 일변도로 압제를 하지 말아야 한다는 점을 일찌감치 깨달기를 권한다. 만약 발산을 거치면 위해한 원시성과 꼭 조우하는 것이라 해도 적극적 방면에서 착상하여 아동에게 응당 이러해야함을 일러주어야 하고 이래선 안 되고 저래선 안 된다고만 하면 안 되는데 무의식적 잠재력이 위에서 말한 '승화 작용'을 통해 유익한 방향으로 발산될 수 있다면 좋은 것이기 때문이다. 중국은 심미(審美)교육이 너무 부족하다. 일반인들은 음식남녀(飲食男女) 외에는 다른 비교적 고상한 삶의 목적이 없 는데 실로 사회가 비천한 것의 주된 요인이다. 문예는 무의식을 승화시키는 가장 보귀한 재산이고 종교 역시 보통사람들로 하 여금 비교적 고상한 삶의 목적을 지니도록 할 수 있다. 나는 교 육가들이 이 점을 좀 유의해주시기를 바란다.

7. 심리분석

꿈의 해석과 신경병 내원을 진찰하는 데에 모두 심리분석법 을 사용해야 한다. 심리분석의 목적은 무의식 속에 일찍이 압제 되었던 욕망과 정서를 발견하는 데에 있다. 환자는 조용한 실내 에 앉아 편히 사색의 준비를 하고 병황과 관계가 있는 과거경험 을 하나 하나 회상해내면서 심리분석자에게 보고한다. 이때 생 각은 극히 자유로워야하며 도덕, 습속, 법률 등 갖가지 관념적 속박에서 최대한 벗어나야 한다. 어떤 것을 떠올리고 싶으면 곧 장 떠올리고 어떤 것을 말하고 싶으면 말해내며 난처한 마음이 조금도 있어선 안 된다. 이러한 방법은 잠시 의식의 압력을 누 그러뜨려 무의식 속의 압제된 욕망으로 하여금 형태가 최대한 드러내져 나올 수 있도록 한다. 이 방법을 자유연상법(Free Association Method)이라고 한다. 이 방법을 사용할 때는 갖가지 기술이 있을 수 있다. 예컨대 환자로 하여금 이런저런 생각할 필요 없이 뜻대로 아무 글자나 써 보도록 하면 써낸 글자는 절반 이상 환자의 마음속에서 수시로 기복했던 것이므로 심리분석자를 번뜩이게 할 수 있는 것이다. 심리분석자는 또한 많은 단어를 써서 하나하나씩 환자에게 보여주며 그로 하여금 이 글자와 관계있는 글자를 즉각 말해내도록 한다. 예컨대 환자가 겁을 먹었을 때는 그에게 '어둡다'는 글자를 보여주면 그가 어쩌면 '귀신'이라는 글자를 '어둡다'는 글자와 관련된 글자로 표시한다. 만약 그가 일찍이 꽃병을 하나 훔치고 싶은 생각이 있었다면 그에게 '꽃'이라는 글자를 보여줄 경우 그가 어쩌면 '꽃병'이란 글자를 '꽃'이란 글자와 관련된 글자로 표시한다. 이 절차는 빠르게 진행되어야하고 완전히 꾸물거려지지 않을 때 비로소 효력을 낳는다.

자유연상법은 확실한 정보를 탐험해내기 매우 어려울 수 있는데 환자는 늘 타인에게 말할 수 없는 몇몇 마음의 걱정거리를 지닐 수 있기 때문이다. 환자는 또한 의식의 압력을 완전히 짓누를 수 없다. 환자를 최면시키는 것이 가장 좋으므로 많은 질문거리를 설정해서 그로 하여금 대답하게 한다. 최면상태 속에서 환자는 의식의 압력을 받지 않고 타인에게 말할 수 없던 걱정거리를 있는 대로 털어 놓는데 바로 그 자신이 평소 잊었던 경험이 모두 떠오를 수 있는 것이다. 무의식 속에서 압제됐던 욕망이 이때 드러내져 나오므로 심리분석자는 병을 초래한 원인이 어디에 있는가를 고찰할 수 있다.

심리분석은 이미 스스로 하나의 독립된 과학이 되었다. 시술하는 자는 이상심리학에 매우 기초가 있어야할 뿐 아니라 일종의 천부적인 재능과 기예도 지녀야한다. 분석의 절차는 대단히 복잡하고 어려운데 여기서 지면의 제한으로 대략적인 언급만을 한다.

8. 심리분석과 정신병리학

신경병의 원인이 무의식과 의식의 상호 충돌이란 점을 이미 위에서 설명했다. 무의식의 내용은 환자 자신에게 조차도 매우 오묘하다. 심리분석법은 무의식을 찾아내서 그것이 의식계로 나타나도록 하며 그리하여 환자는 이로 인해 치유된다. 이에는 두 가지 이유가 있는데 (1)무의식적 잠재력은 예전에는 억눌려 펼쳐지지 않았지만 현재는 의식계로 나타났는데 발산될 기회가 있던 것이므로 다시는 마음에 범람하여 해를 끼치지 않기 때문이다. 우리들은 일종의 비밀을 엄수하다보면 마음속에서 이상하게 가렵다는 생각을 늘 금키 어려운데 누군가에게 일러주면 적잖게 상쾌하단 생각이 든다. 웃고 싶은데 웃지 못하면 마음속이 실로 답답하며 웃음을 쏟아낸 다음엔 마음속이 홀가분하고 매우 즐거운데 이것이 모두 잠재했던 에너지가 마침 발산될 수 있었기 때문이다. 압제됐던 욕망은 심리분석을 거쳐 다시 한 차례 출현할 수 있으면 신경병이 형체없이 사라지는데 역시 마찬가지의 이치이다. (2)욕망은 가까스로 압제가 되면 그 비(非)주체에게 단념되는데 그것이 습속, 도덕, 법률을 알지 못해 그가 이렇게 된 것인 까닭이다. 뒷날 그의 지식이 증가하면 예전의 욕망을 돌이킬 수 있으며 혹은 그 욕망이 결코 욕망할 수 있는 가치를 지니지 않거나 알 수도 없는 것이라는 점을 발견할 수 있다. 우리 성인들은 아동을 보면 대단히 사랑스럽다. 아이들은 스스로 세상에서 자신보다 더 보귀한 희망을 가진 이가 없을 거라 여기지 않는가! 그래서 유년기에 무의식 속으로 압제되어갔던 욕망은 뒷날 심리분석법을 써서 의식계로 잘 인도를 하면 태양에 녹는 얼음처럼 자연스레 그것이 해소가 되는 것이다. 어느 여성이 일종의 신경병을 앓고 있었는데 늘 주먹을 꼭 쥔 채로 있었다. 심리분석자는 그녀의 압제된 애티적 욕망을 불러내 전화시켰고 그의 주먹은 즉각 펼쳐졌다. 이것이 바로 하나의 좋은 예이다.

게다가 일종의 신경병은 갑작스런 충격에서 생겨나기도 한다. 누군가는 기차에서 떨어지면서 예전의 모든 것을 완전히 잊어버렸다. 어느 소년은 무서움에 치를 떨게 했던 것을 보고 미치광이로 변하기도 했다. 이는 모두 신경부위가 놀라 착란이 일으켜진 까닭이었다. 만약 심리분석법으로 놀라기 전의 경험을 하나하나 그의 기억 속으로 다시 불러내서 그의 착란된 기억을 다시 한 번 정리해 주면 병증이 이로 인해 원상태로 돌려질 수 있는 것이다.

9. 결론

프로이트의 학설은 한편으로 심리분석이라는 하나의 독립된 과학을 창조하면서 정신병리학과 이상심리학에 막대한 공헌을 했으며 다른 한편으론 문예, 종교, 교육, 윤리 등으로까지 빛을 선사하였다. 그것의 가치는 이미 재론할 필요가 없다. 하지만 프로이트의 학설만이 옳은 것은 아니라는 점을 독자분들께 일러주고자 한다. 심리분석에는 두 학파가 있다. 하나는 비엔나학파(Vienna School)로 이 학파의 지도자가 바로 프로이트이다. 하나는 취리히학파(Zürich School)로 이 학파의 대표자는 융(Jung)이다. 융은 초년에 프로이트와 함께 연구하면서 프로이트의 영향을 매우 크게 받았다. 뒷날 그는 홀로 일파를 이뤘다. 그의 학설은 프로이트의 편견을 보충한 것이라 할 수 있다. 그에겐 두 가지 특점이 있는데 첫째 프로이트는 무의식에는 원인이 있다고만 인정했는데 융은 무의식에는 그밖에 목적(Finality)이 있으며 이 목적이 의식작용의 불완전함을 보충해 준다는 것이다. 그래서 무의식 역시 매우 유익하다. 둘째 프로이트는 압제된 욕망이 모두 색욕과 유관하다고 했는데 융은 욕망은 생명력(Vital Energy)의 자연스런 유동(流動)이며 그것의 방향은 색욕의 면에 제한되지 않는다는 것이다. 무의식 속에는 색정이 아닌 요소 역시 매우 적지 않다. 이것이 근래 심리분석 운동의 대략이다.

〈동방잡지〉 제18권 14호(1921년)

몇 개월 전 〈교육잡지〉에서 리스천(李石岑) 선생이 심리학 파벌을 토론하면서 맥두걸과 워슨을 모두 행위주의파로 거론한 것을 보고 마음속으로 대단히 의심했었는데 수업준비 하느라 바빠서 리스천 선생에게 토론을 위한 편지를 쓰지 못했다. 어제 〈시사신보(時事新報)〉를 읽었고 〈학등(學燈)〉에서도 다시 우쑹가오(吳頌皐) 선생의 마찬가지의 논조를 보았다. 두 선생이 기초한 바가 있는 것이므로 그들의 말이 꼭 틀리다고는 감히 말할 수 없다. 하지만 내 개인의 의견에 따르면 맥두걸과 워슨은 공교롭게도 두 가지 상반된 극단으로 나아간 이들이다. 심리학가 중에서 어쩌면 우리는 그들 두 사람처럼 입장이 상반된 사람을 찾기란 어려울지도 모른다. 소견을 이에 여기서 적어보는 것은 리스천 선생과 우쑹가오 선생 및 독자 분들을 위한 것이다.

워슨의 주장은 긍정적인 면과 부정적인 면의 두 층위로 나뉠 수 있다. 부정적인 면으로 말하면 그는 심리학이 철학을 향해 완전한 독립을 선포해야 한다고 주장하면서 마음, 의식, 감각, 상상 같은 것들을 모두 의미없는 것으로 간주하였다. 적극적인 면으로 말하면 그는 심리학이 다른 과학과 마찬가지로 생물적 행위를 기계적 인과율로 해석할 수 있다고 주장하였다. 연구방법이란 것으로는 전적으로 관찰과 실험법 만을 사용하였다. 자기성찰법이란 것에 과학적 가치가 없다면서 완전히 그것을 경시하였다. 그래서 워슨에게 있어서 심리학은 인류의 행동거지를 대상으로 하는 일종의 자연과학이다. 그의 목표는 체계적인 관찰과 실험에 근거해서 인류의 동작을 구속하는 원리와 규칙을 찾아내려는 것이다. 이 학파의 심리학자들은 통상적인 인간의 이른바 심리적 상황을 모두 기계적인 인과율로 해석할 수 있다고 한다. 바로 생각 역시 언어란 것으로 인한 기계적 동작이란 것이다. 언어라는 것이 없이는 생각이란 것이 없는 것이다. 관찰과 실험이라는 두 방법은 다른 학파의 심리학자들 역시 대단히 주목하며 행위주의파의 특산품은 아니다. 행위주의파의 심리학에 대한 공헌은 전부 일종의 부정적인 면들인데 바로 심리학의 범위 속에서 마음과 의식이란 것이 존재한다는 점을 인정하지 않는 것이다. 만약 철학을 가지고 행위주의파의 신분을 말한다면 우리는 행위주의심리학은 기계적인 유물사관의 일원론적 철학 위에서 축조된 것이라고 할 수 있겠다.

　맥두걸의 학설은 이러한 종류의 태도와는 상반된 것이다. 그는 의식이 심리학의 터전이고 자기반성이 심리를 연구하는 중요한 방법임을 온힘을 다해 주장했을 뿐 아니라 영혼의 존재까지도 주장하였다. 그의 첫 번째 중요한 저작은 『사회심리학서설(An Introduction to Social Psychology)』(1908)이란 것이다. 이 책 속에서 그는 연상파 심리학의 경직성으로부터 벗어나면서 감각이 아닌 본능을 심리적 기초로 파악하였다. 그는 우선 본능이 어떻게 정감이란 것으로 발전한 뒤 다시 인격으로 발전하는가를 토론했으며 그다음의 논지도 질서정연하다. 이 점에서 말해서 맥두걸은 여타의 영국 심리학자들과 비교해서 어느 정도 행위주의적 정신에 가깝다. 그러나 그는 본능이 맹목적이진 않으며 감각작용을 함유하고 있다고 주장하였다. 정감적 인격의 발전은 자기의식으로부터 받는 영향이 매우 크다고 하였다. 그래서 그는 결국 워슨과는 한데 엮일 수 없는 것이다. 그의 두 번째 중요한 저작은 『몸과 마음(Body and Mind: A History and Defense of Animism)』(1911)이다. 이 책 속에서 그는 지극히 유려한 문체로 연상파 심리학의 기계관적 평형론에는 충분한 근거가 없다는 점을 입증하였다. 영혼론과 진화론을 반복해서 설명하면서 이는 물질이 멸하지 않는다는 여타 과학적 규칙과 모순되지 않는다고 하였으며 그 뒤로는 열 몇 가지의 증거를 들어 과학적 심리학은 반드시 영혼의 존재를 가정해야한다는 점을 입증하였다. 이 책에 대해서 나는 며칠이 좀 더 지나야 어쩌면 개괄적인 소개를 할 수 있겠다. 지금은 단지 그의 태도를 조금 말씀해드리는 것뿐이다. 그는 생물의 행위는 한편으로 인과율의 지배를 받고 다른 한편으로는 또한 목적의 결과에 영향을 받는다고 하였다. 예컨대 공은 제지를 받으면 멈추고 굴러가지 않는다. 그러나 개미가 굴로 돌아가는 것은 만약 중도에 장애물을 만나도 그것의 반응은 공과는 다르며 꼭 장애를 벗어나려는 노력을 하면서 목적이 달성된 뒤에 비로소 그것이 멈춘다. 반응이라는 것은 어떻게 자극과 다를 수 있는 것일까? 맥두걸의 의견에 따르면 공은 단지 뉴튼공식에 따라서 굴러가거나 멈추지만 개미의 행동은 뉴튼의 공식 외에도 그에게 생존을 도모하는 목적이란 것이 있다는 것이다. 이러한 종류의 목적으로 인해 비로소 생각과 추억도 할 수 있다는 것이다. 게다가 연상파 심리학이 만약 맞는 것이라면 그 이치에 따라 심리적 변화에는 모두 일종의 생리적 기초가 있어야 한다. 그러나 실제에 있어서 의지라는 개념 같은 중요한 심리적 작용은 생리적 기초란 것을 논할 길이 없다. 게다가 또 하나에 특히 주의해야 하는데 의식을 조성하는 각 원소가 얼마나 복잡하든지 간에 의식이란 것은 종합적인 것이란 점이다. 예컨대 꽃을 보고 향기를 맡는데에 있어서 빛깔은 눈으로 들어오고 향기는 코로 들어가지만 의식 속의 경험은 하나의 총체가 된다. 이 이치로 볼 때 심리 방면에는 일종의 종합작용이 있는 것이며 생리 방면에서는 반드시 이러한 종합작용을 발생시키는 하나의 기초가 있어야 한다. 그러나 생리학자들은 수 십 년간 정력을 쏟았지만 대뇌 속에서 이른바 중추적 감정의 지점(sensorinm commune)이란 것을 찾아내지 못했다. 그래서 의식의 통일(the unity of consciousness)이란 것을 해석하기 위해선 반드시 종합작용을 주재하는 일종의 어떤 것을 가정하지 않으면 안 된다. 맥두걸의 사상은 대부분 독일의 로체(Lotze)와 프랑스의 베르그송이라는 두 철학자에게서 큰 영향을 받았다. 비록 그의 주장이 그들 둘과 꼭 같지는 않지만 말이다. 우리는 만약 철학을 가지고 맥두걸의 신분을 규정한다면 그의 심리학은 목적론에 근거한 이원론적 철학이라고 할 수 있다.

위의 비교로 볼 때 맥두걸은 행위주의에 속할 수 없다는 점은 쉽게 알 수 있다. 그를 워슨과 하나의 파로 묶는 것은 어느 정도 노자(老子)를 한비(韓非)와 같은 파로 나열한 것과 같은 것이다. 내가 추측하기에 리스천 선생과 우쑹가오 선생이 우연찮게 맥두걸과 워슨을 행위주의파로 한데 묶은 것은 어쩌면 이 같은 이유 때문이다. 바로 워슨은 모두들 공인하는 행위주의파의 명장이고 맥두걸 역시 일찍이 『심리학-행위적 연구』(1912)라는 책을 저술한 바 있기 때문이다. 그 역시 심리학의 정의는 행위를 연구하는 과학이라고 주장한 바 있다. 그래서 그와 워슨이 대략적으로 섞이는 부분이 있는 것이다. 그러나 워슨의 '행위'와 맥두걸의 '행위'는 완전히 다른 성질의 것이다. 워슨의 '행위'는 환경 자극을 받아 생겨난 적응이란 것이다. 이러한 종류의 적응은 전부 기계력의 지배를 받는다. 그래서 그는 "심리학이 정확한 원리와 규칙이라는 목표에 다다른 바에는 일정한 환경 아래서 심리학은 모종의 동작이 발생할 것인가 여부를 예측할 수 있다. 반대로 모종의 동작 발생에 대해서 심리학은 발생 전의 자극이 무엇인가를 추측할 수도 있다"고 하였다. 맥두걸의 '행위'는 "목적의 표현"(manifestation of purpose)이고 "자기결정의 역량"(the power of self-determination)이며 "어떠한 목적을 성취하기 위한 노력"(the striving to achieve an end)이다. 이러한 종류의 자기결정적 목적의 표현은 바로 드리슈(Hans Adolf Eduard Driesch)가 일컫은 생기(entelechie)란 것이며 기계율을 가지고 예측할 수 없다.

맥두걸이 워슨에 찬성하지 않는다는 증거는 또 있다. 그는 재작년에 그린(Greene)이라는 저자의 『강의실 속의 심리분석』의 서문을 쓰면서 "이 책은 행위주의의 심각한 과오를 교정할 수 있다. 현재 행위주의가 미국에서 극히 유행하고 있는데 심리학 발전을 저해할 우려가 있다"고 하였다. 현재 사람들이 기어코 그를 이른바 심리학 발전을 저해하는 행위주의의 한 켠에 놓는다는 것을 그가 알게 된다면 어쩌면 매우 억울해할 수도 있다.

이밖에 우 선생은 파멜리(Parmelee) 역시 행위주의로 분류하였는데 나는 매우 의심스럽다. 그의 『행위적 과학』이란 책을 보면 그는 생물학적 심리학자에 다름 아니며 마음과 의식이 그의 책 속에서는 매우 중요한 위치를 차지한다. 물론 그의 심리학에 대한 공헌은 매우 작아 그다지 언급되지 않는다.

근 5~6개월 동안 나는 잡지에서 심리학 파벌에 관한 글들을 세 네 번 보면서 파벌을 알아야만 여러 명가들의 출발점이 다르다는 점을 알 수 있고 그로써 비로소 그들의 가치를 비교해낼 수 있음을 알게 되었다. 이러한 종류의 연구는 물론 매우 중요하다. 하지만 엄격히 말해서 하나의 학문을 몇 개의 학파로 나누어 어떤 이를 이 학파에 넣고 어떤 이를 저 학파에 넣는 것은 결국 어느 정도 억지스러움을 피할 수 없다. 첫째, 만약 어느 학자가 하나의 학문에 있어서 진정한 공헌이 있다면 그의 장점은 분명 그의 독창적인 면에 있는 것이다. 그 정수로 말할 때 그를 어느 파벌 내로 꼭 넣을 수는 없는 것이며 단지 그가 일파를 이루었다고 밖에는 말할 수 없는 것이다. 분트(Wundt), 뮌스터베르그(Münsterberg) 등은 모두 구조파 학자이지만 그들의 공헌은 모두 구조를 해석한 데 있지 않았다. 둘째, 어떠한 분야의 학문이라도 내용과 방법을 어느 하나의 경계내로 꼭 규정할 수는 없다는 것이다. 윌리엄 제임스(W.James)는 기능주의의 대표자이지만 그의 『심리학 원리(The Principle of Psychology)』(1890)라는 책을 보면 완전히 지각을 기초로 하여 저술했으며 다른 어떤 구조파 학자들보다도 철저하다. 뮌스터베르크는 구조파 학자이지만 그의 학설은 행동이론(action theory)에 집중되어 있는데 이 행동이론은 또 완전히 기능주의를 근거로 어떻게 행동이 발생되고 제지되는가를 해석하였다. 그래서 파벌을 나누는 것은 극히 어려운 일이다. 리 선생님과 우 선생님이 이를 어떻게 여기실는지 모르겠다.

〈시사신보〉(1923년 2월 9일)

나는 안후이(安徽)의 퉁청(棟城)에서 나고 자랐고 어려서부터 고문(古文)의 영향을 깊게 받았다. 비록 이후에 우창(武昌)고등 사범에 들어갔지만 과학에 대해선 여전히 거리가 있었는데 과학과목의 시험을 볼 때 작문하듯 글을 썼으며 당시 외국어 능력 역시 좋지 않았다. 뒷날 홍콩대학에 보내져 공부할 수 있게 되면서 입학시험을 통과해야 했기 때문에 갖은 노력을 기울여 외국어와 기타 과학과목을 공부했으며 수학 역시 그때 배운 것이다. 홍콩대학에 들어간 뒤는 학교의 제도가 다르고 그들이 문학 외의 과목에 주의를 기울였으므로 비록 문과에 들어간 데다 흥미가 문학에 집중돼 있었지만 1/3의 노력만을 할 수 있었고 2/3의 시간은 심리학, 생물학, 철학, 교육학, 역사학 등에 써야 했다. 그때 공부에 대한 느낌은 뭐라 할 수 없지만 단지 자신이 천진하고 솔직하다고 생각하였다. 홍콩대학에서 5년을 공부했고 민국 10년(1921년)에 상하이에 가서 중국공학(中國公學)에서 재직하였다. 장쑤와 저장간의 군벌전쟁(1924) 뒤론 중국공학이 문을 닫게 되면서 다른 교사들과 함께 리다학교(立達學校)를 설립하였다. 리다에서의 생활은 고된 기억의 한 페이지로 교원들 스스로 주머니를 털어 셋방을 얻으며 학교설립자금을 지원했으며 학생들은 대부분 서민집안 출신이었다. 그때 교원들은 한편으로 학생을 가르치고 한편으로는 학교운영비를 보조했으며 생활을 유지하는 방법은 상하이의료전문학교 등에서 수업을 병행하는 것이었고 학교도 이렇게 유지되었다.

1. 인격감화적 교육

그때 나의 대학입학전 교육에 대한 느낌은 대학전 교육은 학교설립자 자신의 뜻이 있어야하며 정부의 규정에만 전적으로 의존할 수는 없다는 것이었다. 리다학교에서는 감화(感化)교육을 시행하였고 선생과 학생들이 법정신 하에서 함께 했던 것이 아니라 완전히 한 가족처럼 지냈다. 게다가 학교는 학생의 제적을 주장하지 않았다. 상하이에서 2년간 학생을 가르쳤고 뒷날 안후이성의 관비유학시험에 합격해 영국에 갔는데 민국 14년(1925년)의 일이다. 영국에서 곧장 에든버러대학에 진학했다. 그곳은 자유롭게 각 학과 수업을 들을 수 있었는데 매년 두 개의 과목만을 공부한다 하더라도 매우 벅찬 일이었다. 에든버러에서는 주로 문학을 배웠고 그다음 철학, 심리학, 예술사 등이었는데 그때의 흥미는 두 방면이었다. 하나는 문학이었고 특히 시에 관심이 컸다. 하나는 철학과 심리학이었다. 나의 문학에 대한 관심은 또 자주 변하였는데 처음에 나는 낭만주의시기의 작품을 좋아했고 17세기의 신고전주의적 수사와 감상적 무드엔 관심이 없었다. 근대 영국의 시, 상징주의 작품의 극히 우울한 정서와 수사에 대해 특히 그러했다. 하지만 뒷날 나는 다시 그것을 좋아하게 됐으며 고전적인 것들 역시 좋아하였다. 하지만 내가 진정으로 공을 들여 연구한 것은 19세기의 영국시였고 워즈워스(Words worth)와 브라우닝(Browning) 같은 사람이었다.

2. 문학공부는 심리학에 정통해야

나는 문학공부는 심리학에 정통해야 한다고 여기는데 그것이 문학의 이론방면에 크게 도움이 되기 때문이다. 특히 근대 소설을 연구하는 데 있어선 심리학적 지식이 더욱 많이 필요하다. 미학 또한 내가 좋아하고 중요시했는데 내가 그것과 문학적 훈련을 받은 것은 나에게 더할 수 없는 도움이 되었다. 문인들은 과학이 인간을 객관적이게 한다고 하지만 나는 문학 역시 인간을 객관적이게 할 수 있으며 나 자신이 하나의 예라고 생각한다. 내가 문학과 미학을 공부해 얻은 소득은 인간을 보는 눈을 얻은 것인데 '자아'를 모든 물(物)의 밖에 두고 순수하게 방관자가 되는 것이며 이러하면 나 자신은 늘 소설가가 되기도 하고 극작가가 되어 인간을 보고 사회를 보며 이러한 '무아(無我)'적 경지는 나로 하여금 많은 의미 없는 번뇌와 혼란으로부터 벗어나게 한다. 민국 16년(1927년)에 에든버러대학을 졸업하면서 런던대학으로 학교를 옮겼다. 런던대학 시절은 가장 자유롭게 연구하던 시기였으며 독서의 범위가 매우 넓었다. 대학에서 한 두 과목만의 강의를 청강했으며 대부분의 시간은 런던박물원의 열람실에서 자습하였는데 특히 미학과 문학비평에 관한 독서와 연구에 집중하였다. 『문예심리학』이 그때 거기서 완성된 것이다. 2년 뒤 파리에 가서는 취향을 바꿔 프랑스문학을 연구했으며 심리학 연구도 계속하였다. 1년 뒤엔 스트라스부르(Strasbourg)대학에 진학했다. 지역이 비록 바뀌었지만 연구일은 계속되었다. 『비극심리학(The Psychology of Tragedy)』이 거기서 완성되었다. 2년 뒤 귀국했으며 베이징대학에 적을 두었다.

3. 흥미와 훈련은 공부의 두 가지 요소

공부에 대한 나의 의견은 흥미와 훈련의 두 가지가 모두 필요하다는 것이다. 전자는 끌어 들이는 것과 같고 후자는 밀고 나가는 것과 같다. 양자가 서로를 도와 서로를 이루어주며 하나라도 빠지면 불완전한 것이 된다. 나 개인에 대해 말하면 예전에는 내 마음껏 독서를 했었는데 원인은 어떤 이를 향해서도 책임을 지지 않아도 되었기 때문이다. 지금은 학생들을 가르치게 되었고 조심스럽게 연구하는데, 책임이 나 자신을 밀고 나가는 것과 같다. 내 삶에 있어 유감스러운 일은 음악을 많이 안 듣고 운동하는 습관을 들이지 않은 것인데 나는 이 두 가지가 삶에 극히 중요하다고 생각한다. 음악은 성정을 도야할 수 있고 외로움을 달래줄 수 있기 때문이다. 운동은 몸을 단련할 수 있고 정신을 활기차게 한다. 예전에는 그것들에 주의를 기울일 시간이 없다고만 생각했는데 지금은 더욱 기회가 없고 시간 역시 없게 되었다.

<대학신문주보(大學新聞週報)> 제3권 10기(1935년 5월)

4. 원시시가 속에서 성욕 '모티브'의 위치

다윈(C.Darwin)이 말한 바에 의하면 시가(詩歌)의 원시적 기
능은 전부 이성을 흡인하는 데에 있었다. 새와 짐승의 소리는
모두 수컷의 것이 가장 웅대하고 협화적이며 그것들의 우모(羽
毛) 역시 수컷의 것이 가장 선명하고 화려하다. 시가와 우모가
모두 마찬가지로 '성(性)적 특징'이다. 인류에게도 역시 이러하
므로 시가는 대부분 성욕을 표현하는 것이다. 「국풍(國風)」은
절반 이상이 언정(言情) 작품이라는 것은 이미 세상사람들에게
공인되었다. 주희(朱熹)는 『시집전(詩集傳)』에서 말하였다:

내가 듣기로 무릇 시(詩)라는 것은 이른바 '풍(風)'이라는 것이
고 다수가 마을과 거리의 가요로부터 내놓아진 작품이다. 이른
바 남녀가 노래하는 것은 각기 그것을 정(情)이란 것이라고 한
다.

루칸루(陸侃如)는 『중국시사(中國詩史)』에서 이 설을 확충시키면서 『시경(詩經)』의 '풍'은 바로 '암수가 서로 흡인한다(牝牡相誘)'의 의미라고 하였다. 이 해석은 퍽 특별하여서 지금 그의 말을 인용하면 아래와 같다:

「비서(費誓)」의 '마소의 그 풍(馬牛其風)' 및 『좌전(左傳)』의 '마소는 풍해도 서로 관계를 맺지 않는다(風馬牛不相及)'의 '풍' 자는 보통 '방(放)'자로 설교되었으며 『광아(廣雅)』 및 『석명(釋名)』에서 역시 이러하다. 오로지 동한(東漢) 경학가 복건(服虔)이 주를 달며 "암수가 서로 흡인하는 것을 풍이라고 한다(牝牡相誘謂之風)"고 하였는데 이 구절이 퍽 주의할 만 하다. '방'자는 '종(縱)'자로 설교(『呂覽 · 審分』 注)되기도 했으며 또 '탕(蕩)'자로 설교(『漢書 · 藝文志』 注)되기도 하였다. 양쯔강 남부(江南) 방언에서 남녀가 야합함에 남에게 보일까봐 사람을 시켜 지키도록 하는 것을 '망풍(望風)'이라 이르고 정적(情敵)과 경쟁하는 것을 '쟁풍(爭風)'이라 이르는데 역시 보완적인 증거로 삼을 만 하다. 고로 '풍'의 기원은 대략 남녀가 마음을 교환하는 노래였던 것이다.

'풍'의 이름함을 설령 꼭 루 씨가 말한 대로 할 필요가 없다고 해도 '풍'의 내용이 대부분 남녀가 마음을 교환하는 노래였다는 점은 의심의 여지가 없다. 한조(漢朝) 악부에 모여진 민가, 남조

(南朝)의 「자야가(子夜歌)」, 「화산기(華山畿)」 등 및 현대 '월구 (粵謳)' '오가(吳歌)' 같은 것들이 바로 이러하다. 현재 중국의 가 풍(歌風)이 가장 성(盛)한 구역은 묘(苗), 요(瑤), 만(蠻) 등 여러 원시부락이 점하고 있는 지방이다. 그들에게서 가무(歌舞)는 남 녀가 연애를 함에 있어서 필수적으로 거쳐야하는 길이다. 매년 명절 때 남녀는 산 속에서 무리를 지어 가무에 감정을 맡기며 감정이 서로 맞는 이들이 혼인하는데 이러한 종류의 예식에 '도 월(跳月)', '회량(回閬)' 등 여러 명칭이 있다. 강희제 때 육차운 (陸次雲)의 『동계견지(峒溪纖志)』에 「묘인도월기(苗人跳月記)」 란 글이 있는데 이 예식을 퍽 상세하게 기재하였다:

    묘인들의 혼례는 '도월'이라고 한다. 도월이라는 것은 봄날이 되면 춤을 추면서 짝을 구하는 것이다 … 부모는 각기 자녀를 이끌고 도월의 만남을 위한 아름다운 곳을 찾아 나선다. 부모들 은 무리지어 평원 한쪽에 자리잡고 아들들과 딸들은 다른 한쪽 에서 무리를 이룬다 … 여성들은 등롱을 든 채 노래를 하지 않 는데 평원 위의 부모들이 노래를 부르라고 하니 노래하지 않는 이가 없다. 남성들은 피리를 들고 불지 않는데 평원 위의 부모 들이 그것을 불라고 하니 불지 않는 이가 없다. 그 노래는 애절 하면서도 사랑스러운데 남성을 끌어당기는 맛이 있고 3중창으 로 서로들 번갈아 가며 노래한다. 피리소리는 마디마디 장단과 고저가 같지 않은데 꼭 하나로 정해지지 않은 마음과도 같다.

피리를 불고 노래를 부르면서 손과 발은 흥겹게 움직이고 자신의 맘에 드는 짝이 있는가 주위사방으로 고개는 절로 움직인다. 처음에는 다가서는 듯 하다 다시 그만두기도 하고 좀 있다가 술을 마시며 온 마음을 다해 춤을 추는데 서로들 그 움직임이 빠르기도 하다. 이때에는 남자가 여자에 다가서는데 여자가 떠나는 경우가 있고 여자가 다가서는데 남자가 떠나는 경우도 있으며 많은 여자들이 한 남자를 두고 경쟁해서 남자가 어찌할 바 모르는 경우가 있고 많은 남자들이 한 여자에만 다가서 여자가 어찌할 바 모르는 경우도 있다. 서로 가까이하다가 다시 그만두기도 하고 서로 원치 않았다가 다시 원하는 경우도 있는데 서로 마음이 맞으면 등롱과 피리를 주고받고는 서로 손을 꼭 잡는다. 그리하여 얼굴이 잘난이는 얼굴이 잘난이를 등에 업고 얼굴이 못난이는 얼굴이 못난이를 등에 업게 되는구나 … 연분이 있는 이를 등에 업고는 계곡을 넘어 그윽한 장소를 골라 서로에 대하여 감정을 확인한다. 서로 손을 잡고 도월의 장소로 돌아가서 각기 부모를 모시고 집에 돌아가서 혼사를 상의한다.

신에게 축원을 하는 고대의 많은 가사 역시 실은 사랑노래이다. 예컨대 『구약성서(the Old Testament)』에서의 '솔로몬의 노래(Song of Solomon)' 및 『초사(楚辭)』의 「구가(九歌)」가 모두 또렷한 예이다. 현재의 묘(苗)와 만(蠻) 민족에게도 이러한 문화가 있다. 유석(劉錫)의 『영표기만(岭表紀蠻)』에 따르면:

만인들은 노래를 좋아하는 것이 천성적으로 그러한데 무(巫)라는 경전도 가요로 그것을 표현하며 심지어 조상에 제사지내고 신에게 제례를 올리기 위해 향을 피워 엄숙히 예배드려야하는 때에도 늘 남녀의 풍류나 사랑얘기 같은 것들이 다뤄진다. 예컨대 장무(獐巫)가 축원의 주문을 외울 때 "팔십노인이 꽃밭에 가서 손에 꽃을 꼭 쥐니 눈물이 끊이지 않는구나"라 하거나 또 "꽃내음 나는 달 밤엔 서로 만나기 좋고 흰 구름이 면면할땐 짝을 맺기가 좋구나"라는 등 노래한다. 또 관가 혹은 절에 가서도 신을 모셔서 남녀 일에 관한 축원의 주문을 외는데 그 말이 퍽 귀에 좋게 와 닿진 않는다. 만인들이 일컫는 장무란 이는 색에 능한 이인 것이며 가요란 것에 능한 이 중 하나에 다름 아니다.

이는 연가(戀歌)가 한층 더 진화한 것인 셈인데 이성에 대한 애모가 직접적으로 대상에게 토로되지는 않고 무당에게 의탁되었다. 프로이트주의 심리학자들의 말에 따르면 이러한 종류의 의탁을 '전치'(replacement)라고 부르는데 즉 성욕의 면모가 바뀌어 진정한 대상으로부터 그 밖의 대상에게로 '전치'가 된 것이다. 이 그 밖의 대상은 진정한 대상의 상징(symbol)이다. 위의 예에서 만인들이 제례를 올릴 때 성욕은 그 표현에 있어서는 아직 면모가 바뀌진 않았는데 그들의 도덕의식이 성욕의 직접적 표현을 아직 엄격히 제지하는 정도에는 이르르지 않았기 때문이다.

원시시대에서 시가는 신화와 종교와 상호 연관되었다. 프로이트주의 심리학자들은 이 세 가지의 것이 심리의 기원과 모두 상통하고 모두 원시적 욕망의 '승화'(sublimation)라고 하였다. 인류의 본능 속에는 성욕이 가장 강하고 성욕의 최초의 대상은 자신의 부모이다. 원시 인류 속에서 남자는 모두 오이디푸스콤플렉스적 욕망을 지니고 부친에 대해 모두 어느 정도 질투와 두려움의 감정을 지닌다. 토템(totem)제도가 바로 이러한 종류의 질투와 두려움의 표현이다. 매 하나의 토템사회에서는 모두 일종의 '금기'(taboo) 혹은 금령이 있는데 가장 보통인 것은 토템으로 섬기는 동물을 식용으로 사용하지 않는 것이며 이를테면 캥거루는 캥거루토템의 성스러운 동물이어서 캥거루토템에 속하는 모든 이들은 캥거루를 먹지 않는다. 그다음은 같은 토템에 속하는 이들이 통혼을 하지 않는 것이다. 그러나 토템사회는 제사 때 사용하는 희생물이 바로 토템동물이고 제례를 마친 뒤 모여서 식사하며 제사고기를 나누어 먹는 것은 커다란 의식이다. 이러한 종류의 토템동물은 원시인류가 공동으로 증오했던 부친을 상징하고 토템동물을 희생시키는 것은 시부의 상징이며 제사고기를 나누어 먹는 것은 성공을 경축하는 연회이다. 그러나 뒷날 도덕관념이 점차 일어서면서 인류는 난륜이 일종의 죄악이라는 것을 깨닫게 되었다. 모두들 이러한 종류의 '죄악의식'의 영향을 받아 상호 약속을 하였는데 첫째 부친을 상징하는 토템동물을 먹지 않는 것이고 둘째 토템 내에서 통혼하지 않음으로 써 부친의 부인을 점령하지 않도록 하는 것이다. 이는 종교와 윤리의 기원이고 문예의 기원 역시 여기에 있다. 고대그리스 시기에 가장 유행했던 신화는 오이디푸스가 부친을 살해해 모친을 얻은 이야기이다. 신화에 따르면 이는 의도하지 않은 과오였으며 프로이트의 말에 따르면 이는 인류의 보편적인 욕망은 가면을 쓴 채 출현한다는 것이다. 심리분석을 거치면 원시신화에는 모두 오이디푸스콤플렉스라는 하나의 모티브가 내재되어 있다.

지면이 한정되어 우리는 프로이트주의 학자들이 원시민족의 신화와 시가를 연구해 얻은 증거를 인용하기 어려운데 이러한 종류의 상세하지 못한 소개가 이러한 학설을 처음 접하는 이들에게 좀 황당하게 여겨질 수도 있겠다. 그러나 그들의 증거는 실로 매우 많고 퍽 유력하다. 프로이트와 다윈은 모두 시가와 성욕의 관계에 집중하였으며 서로 달랐던 것이라면 다윈은 시가를 성욕의 도구이자 이성을 흡인하는 유인물로 여겼고 프로이트는 시가가 성욕의 화장(化裝)적 표현이자 마음의 역량이 성욕으로부터 예술로 전화된 것이라고 여긴 것이다. 묘(苗)와 요(瑤), 만(蠻) 등 여러 민족의 가요로 볼 때 다윈의 학설이 더욱 설득력이 있는 듯 한데 그것들이 대부분 적나라하게 표현되었고 어떠한 '화장'이란 것이 없으며 목적 역시 매우 또렷하게 이성의 흡인에 있기 때문이다. 중국 각지의 산가(山歌)는 창법으로 볼 때 이성 흡인의 목적이 매우 적은 듯 하지만 노래의 성질은 왕왕 매우 음(淫)적 기운이 충만하다. 이는 성욕이란 것이 가장 강한 본능이고 가장 풍부한 정취를 지니고 있으며 민가가 대부분 남녀 간의 연애를 '모티브'로 하는 것은 그것이 비교적 흥취를 자아내기 때문이다. 우리는 중국의 민가를 자세히 분석해 보면 고대의 것이든 현대의 것이든 프로이트가 말한 오이디푸스콤플렉스가 존재하지 않는 듯하다. 중국민가와 서방민가에는 중요한 구별이 있는데 바로 중국민가 속에는 고사(故事) 혹은 신화적 성분이 근본적으로 극히 적다는 점이고 정감이 모두 적나라하게 드러나서 상징이란 것이 쓰여지지 않았을 뿐 아니라 제 3 인칭 간접서술도 자주 사용되지 않았다는 점이다.

성욕의 표현이 비록 일반 민가의 특색이기는 하지만 민가가 성욕의 표현에 기원한다는 데에는 아직 토론의 여지가 있다. 모든 욕망이라는 것은 결핍에서 기원한다. 한 가지 일에 수요가 있는데 획득할 수 없을 때에 사념이 일으켜진다. 극히 원시적인 사회 속에서 남녀는 자연적 충동에 따라 자유롭게 결합하였고 '실연', '쟁풍', '성적 고뇌', '성력 감퇴' 등등은 문명사회에서 자주 마주하는 일로 당시는 흔히 발생하지 않았다고 할 수 있다. 이러할 뿐 아니라 원시인의 성욕에 대한 관념 역시 비교적 간단하고 조악해서 근대 연애관적인 낭만적 색채 역시 매우 적다. 연애결혼은 단지 일종의 흔한 일이었고 수치스러워할 필요가 없었으며 예식적 경축 역시 필요하지 않았다. 원시인에게는 사냥으로 한 마리 노루를 사냥했거나 잃어버린 것이 한명의 미인을 얻거나 잃은 것보다 더욱 시(詩)적 의미를 지니는 것이라고 생각되었다. 그래서 진정한 원시적 사회 속에서 성애는 시가의 중요한 '모티브'가 아니었다. 독일 심리학자 그루스(Karl Groos)는 『예술의 기원』에서 말하였다:

호주인, 인도의 민코피인(Mincopies) 혹은 브라질의 보토구도인(Botocudo)의 사회 속에서 우리는 그야말로 한 곡의 연애 노래도 발견할 수 없다. 링크(Rink)는 에스키모(Eskimo)의 시가를 가장 잘 알고 있는데 그의 말에 따르면 "사랑은 에스키모인들의 시 속에서 대체로 어떠한 위치도 점하지 않는다".…베스터마르크(Westermark)는 『인류의 혼인』 속에서 역시 이같이 말했다. "인류의 진화가 비교적 낮은 단계 속에서 성애의 역량은 자녀를 포옹하는 부모의 자애보다 강하지 못하였다". 우리가 수집한 원시가요의 모음집 속에는 친족의 죽음을 애도하는 만가(挽歌)가 포함되어 있지만 연인을 잃은 것을 슬퍼하는 서정가는 한 곡도 없다.

그루스가 근거한 네 종류의 민족도 예외가 아니다. 기실 연애 시가가 늦게 내놓아진 것은 이 네 민족에만 제한되지 않는다. 고대그리스와 게르만 민족의 가장 이른 시에서 표현되는 정서는 첫째가 영웅숭배이고 성애의 위치는 그 다음이다. 인류가 가장 먼저 예찬했던 이는 아킬레우스(Achilleus)와 시그루드

(Siegfred) 류의 영웅이었지 헬레네(Helenēn)와 브린힐트 (Brynhild)가 아니었고 '시시포스'이었지 '요조숙녀'가 아니었다. 만약 '송(頌)'이 '풍(風)'보다 이르다는 근래 중국 문학사학자들의 설이 확실하다면 애정시는 중국에서 역시 아무래도 늦게 내놓아진 것이다.

〈가요(歌謠)〉 제2권 26기(1936년 11월)

5. 중국의 사상 위기

　　중국사상은 현재 이미 하나의 극렬한 전변기에 도달했으며 이는 모두들 목도하고 있는 사실인데 이 전변을 위기로 믿을 것인가에 대해선 많은 사람들이 동의하지 않는다. 일반인들이 보기에 중국지식계급은 사상에 있어서 현재 갈 수 있는 길이 두 가지 밖에 없는데 좌(左)가 아니면 우(右)이며 결코 다른 여지가 없다. 이른바 '좌'란 것은 바로 중국 정치경제 현황을 뒤집어 마르크스의 유물사관으로 공산주의를 실행하자고 주장하는 것이다. 이른바 '우'란 것은 정의를 내리기 쉽지 않은데, 이 애매한 꼬리표 아래엔 현황 위호를 주장하는 모든 이들, 비록 현황에 만족하지 않지만 소련과 공산주의에 공감하지 않는 이들, 비록 소련과 공산주의에 공감하더라도 현재 중국은 이 층위를 거론할 수 없음을 깨달은 이들, 심지어 정치에 무관심해서 어떠한 태도도 표명하지 않는 이들이 포함된다. 정치사상은 우리들 사이에서 이미 일종의 종교적 '양심'으로 변하였고 그것은 우리 일가형제들이 편을 가르도록 압박한다. 사상태도가 서로 같으면 그 나머지 모든 것이 비록 극히 큰 차이가 있다고 해도 우리들은 여전히 같은 길을 가는 사람이고 모든 것이 서로 비슷하지만 사상적 태도가 일치하지 않으면 우리들은 원수지간이 된다. 우리 중에 많은 사람들은 어느 한 편에 서지 않을 수 없게 하는 이러한 종류의 심각성을 일종의 압박으로 느낀다. 이따금 우리가 좌로 가고 혹은 우로 가는 것은 원래 본 뜻에서 비롯된 것이 아니고 전부 분가(分家)가 불가피한 정세로 인해 강요된 것인데 심지어는 사상이 본래 매우 왼쪽이었던 사람이 오른쪽으로 가는 것이 강요되기도 하고 사상이 본래 매우 오른쪽이었던 사람이 왼쪽으로 가는 것이 강요되기도 한다. 우리가 그렇게 되는 것은 대부분 정감과 이해관계라는 두 가지 요소에 의해 결정된 것이지만 우리들은 늘 우리의 동기가 사상이라는 점만 인정한다.

이것이 하나의 위기이다. 그것이 위기인 것은 결코 일반인이 상상하는 것처럼 좌파 혹은 우파가 받드는 학설 자체에 위험성이 포함되었기 때문만이 아니다. 특수한 문제에 대한 그 답안으로 말하면 매 종류의 학설은 그것이 해결하고자 한 특수한 곤란한 정황 아래에서 옳고 그름 혹은 적용 가부가 분별되는 것이다. 그 실제생활에 대한 응용으로 말해서 만약 갑(甲)문제의 답안으로 성질이 다른 을(乙)문제에 답하려하면 어떠한 학설이든 오용될 가능성이 있으며 이러한 위험은 모 일파에 꼭 한정되는 것이 아니다.

우리가 위기라고 믿는 것은 첫째, 신앙을 사상으로 오인하고 다른이의 의견을 자신의 사상으로 잘못 아는 나쁜 풍조이다. 사상은 모두 사실적 근거와 논리적 맥락이 필요하다. 그것은 일종의 조리가 있는 심리활동이지 틀에 박힌 공식이 아니다. 진정한 사상은 기필코 매 개인이 모색을 통해서 연구해낸 것이고 창조한 것이지 답습한 것이 아니다. 사실적 근거와 논리적 맥락이 없고 자신의 조리있는 사색을 거치지 않고 자신의 혹은 옆 사람의 일종의 의견을 믿는 것은 단지 신앙인 것이지 사상이 아닌 것이다. 사상을 근거로 하지 않은 사상은 모두 어느 정도 미신이다. 예컨대 마르크스의 학설은 그가 런던박물원의 도서관 속에서 수 십 년 머리를 파묻고 힘들게 연구해서 얻어낸 결론이며 그것은 그것이 완전히 정확하든 그렇지 않든 그에게 있어선 사상적 성취이다. 현재 중국에서는 많은 사람들이 마르크스 같은 고된 연구를 거치지 않고 그의 학설을 이씨에게 장씨 갓을 씌우듯 억지스레 끼워 맞춰 그것이 그들 자신의 '사상'이라고 하고 있으며 그것을 기계적 공식화해서 구호와 표어를 만들어 청년 군중들에 호소하는데 이는 신앙을 사상으로 오인하는 것이고 옆사람의 의견을 자신의 사상으로 잘못 아는 것이다. 이러한 나쁜 풍조는 결코 어느 일파에만 제한되지도 않는다. 구호표어를 상대에 대한 방어전으로 삼는 것이 이미 각 당파의 공동의 전술이 되었다. 피해가 가장 극심한 이들은 청년들이다. 그들의 천진함이 선전의 마취를 막아내지 못한다. 그들은 매우 순진하게 구호표어 선전을 '사상'으로 받아들이며 구호표어 선전을 제조하는 몇몇 문인들과 정객들이 우리의 시대를 대신해 일종의 위대한 '사상'운동이란 것을 '영도'하는 것이라고 순진하게 믿는다. 만약 이것이 사상운동이라면 그것의 결과는 단지 사람들로 하여금 생각도 사고도 하지 말고 두 귀를 뇌로 삼아 순진하게 야심품은 정치가의 도구가 되는 법을 배우게 할 수 있을 뿐이다. 야심품은 정치가의 입장에서는 선전을 하려면 쓰는 것이 정치수단이고 그 이름을 미화해서 '사상운동'이라고 하는 것인데 자연히 득의양양한 문장이지만 우리는 생각하는 자의 입장에서서 정치수단은 정치수단, 사상운동은 사상운동이라는 점을 분명히 알아야하는 것이다. 그들의 수단은 '우민(愚民)'인 것이고 진정한 사상과 정신과는 상반되는 것이다.

그다음 우리 사상계의 위기는 모 일파의 정치사상을 신앙삼고 기타 모든 학파의 정치사상을 말살하며 심지어 모 일파의 정치사상으로 사상영역의 전체를 독점하는 것인데 그것 외에는 이른바 사상이란 것이 없다는 것과 같다. 현대중국 유행어에서 '사상'이란 두 글자는 전적으로 일종의 매우 이상하리만큼 협애한 함의를 가리키는데 바로 정치적 견해 혹은 태도이다. 정치방면에서 한 개인은 좌경이 아니면 우경이므로 '사상' 방면에서도 그는 역시 좌경이 아니면 우경이다. 설령 정치사상이 근대 사회 속에서 특별히 중요한 것이라고 해도 그것은 결국 많은 방면의 사상 중의 일종인 것이고, 하나의 지식계급 속의 인간이 근대 사회 속에서 정치사상을 무시하고 설령 변호할 수 없을 만큼 소원시해도 그가 기타 방면에서 사상활동을 할 자유가 이로 인해 박탈될 수는 없는 것이다. 한 학자가 수학 혹은 의학 방면에서 머리를 운용하는 데에도 '좌경' 혹은 '우경'의 이름을 벗어날 수 없다는 것일까? 언어와 사상은 밀접하게 관련되어서 언어 착란의 결과는 기필코 사상 착란이 되므로 사상의 첫째로 중요한 임무는 이름을 바로 잡는 것이고 특히 '사상'이란 명사 자체가 혼란스레 사용되어선 안 된다.

사상계의 가장 엄중한 위기는 위에서 설명한 두 가지에 있는 것이 아니라 천박하고 협애한 관념이 구호표어의 암시 때문에 일반 청년들의 머리 속에서 깊이 뿌리가 박혀 일종의 고정적 습관의 반응모형을 형성시켜 그들로 하여금 생각하지 않게 하고 한번 생각하게 하면 영락없이 저항력이 최저인 그 머리에 배인 경로로 전진하도록 한다는 것이다. 사상은 맑고 활기 넘쳐야 하고 고정된 형태없이 부단히 움직여야 하며 늘 새로운 경로를 발견하는 데 있어야하므로 습관과는 상호 저촉되는 것이고 습관에 의거해 사물에 반응을 내는 이는 사상이란 게 필요 없다. 사상의 필요성은 환경과 사실이 늘 변천해서 습관적 반응이 대응에 부족한 데서 생겨나므로 비로소 새로운 경로를 시험하며 탐색하는 것이다. 습관은 저항력이 최저인 경로에 의존해 전진하고 사상은 저항력이 최대인 경로에 의존해 전진한다. 뇌 속에 습관으로 인해 이뤄진 고정반응(stock response)이 많을수록 사상은 구속받는다. 청년이 노년보다 사상이 활기찬 것은 사상을 구속하는 고정반응이 비교적 적기 때문이다. 청년시기는 사상의 발전기이고 노년은 사상의 응고기인데 발전기에서 사상적 습관은 대부분 탐험적이고 귀납적이지만 응고기에서 사상적 습관은 대부분 수구적이고 연역적이다. 이것이 사상 발전의 자연적 절차인데 현재 중국청년들의 사상은 도리어 각 방면의 선전과 마취로 인해서 이 자연절차를 위반하고 있다. 그들 뇌 속에는 먼저 일련의 고정관념이 가득 들어차 있고 이들 고정관념은 주입된 것이기 때문에 그들의 모든 사고갈피, 모든 사물 대응적 태도가 결정된 것이며 모든 새로운 사상 혹은 견해에 대한 감수성이 끊겨져 버림으로써 그들의 사유기관을 극히 갱신이 멈춘 기계 뭉치로 바꾸어 놓는다. 만약 그들이 '좌'이어서 한 개인 혹은 일종의 사상을 '우'로 정하고, 만약 그들이 '우'이어서 한 개인 혹은 일종의 사상을 '좌'로 정한다면 그것이 죄상을 정해놓는 것인 셈이고 관의 덮개에 못질을 하는 셈이란 것에 재론의 여지는 없다. 바꿔 말해서 중국청년들의 사상은 아직 발전기를 거치지 않았음에도 이미 응고기로 넘어가 있고 소년에서 곧장 노년이 돼있는 것이며 그들의 생각하는 습관은 연역적이지 귀납적이 아니고 수구적이지 탐험적이 아니다. 중국사상의 앞날은 자연히 청년들에게 희망이 있는 것인데 현대 청년들은 대부분 이미 뇌 속에 과도한 양의 고정관념과 고정반응이 주입되어있고 사상에 필요한 편견없고 활기차며 냉정하고 겸허한 것들이 소실되어 있다. 이것이 바로 중국의 최대의 사상 위기이다.

우리는 현재 확실히 하나의 진정한 사상운동이 필요한데 첫 걸음은 사상이 대체 무엇인가라는 것 및 사상에 필요한 태도와 방법을 명료하게 아는 것이다. 사상에 뜻이 있는 사람들은 응당 '좌파', '우파'라는 것을 천천히 말해야 한다. 사상에는 단지 옳고 그름 및 진실과 거짓이 있을 뿐이며 이른바 좌와 우란 것은 없다. 우리들은 게다가 많은 책을 읽는 노력을 기울여야하고 서로 다른 사상을 많이 인식해야 하며 국제정세와 중국의 실제상황을 많이 연구해야하고 고되고 엄격한 과학훈련을 많이 받아야 한다. 우리는 의심이란 것을 배워야하고 가볍게 판단을 내려선 안 되며 어떠한 파벌 혹은 이른바 '영도자'라는 것에 맹종해선 안 되고 다방면에서의 허심탄회한 토론 속에서 매 하나의 문제에는 모두 서로 다른 많은 견해가 있어 절대적 진리란 것을 찾기란 극히 어렵다는 점을 이해할 수 있어야 한다. 시비와 우열은 비교로 말미암아 보아낼 수 있고 여러 사람들의 지혜를 모아야 비로소 유익한 의견을 광범히 흡수할 수 있다. 사상의 최대 장애는 임의적인 사견으로 독점을 하는 것이며 성취의 요건이란 자유적 연구와 자유로운 토론이다. "장인은 그 일을 잘 하려고 할 때 우선 꼭 그 기구를 예리하게 해 놓는다(工慾善其事, 必先利其器)"『논어·위영공(論語·衛靈公)』는 말처럼 우리가 현재 가장 필요로 하는 것은 일종의 기존의 사상(thought)이 아니라 스스로 사상을 개발하는 데에 필수적인 생각하는 습관(thinking habit)이란 것이다.

본 글의 의도는 모 일파의 사상을 공격하거나 위호하려는 데 있다기 보다 현재의 우파와 좌파란 이들이 사상을 받아들이고 사상을 선전하는 두 방면에서 범하는 공동의 잘못을 지적하는 데에 있다. 일종의 사상이 만약 자신이 사실과 논리에 근거해 고되게 탐구해낸 것으로 말미암은 것이 아니라면 그것의 기초는 견고하지 않은 것이고 쉽게 동요하며 또한 쉽게 전복된다. 장구적인 앞날을 위해서 우파에 서있든 좌파에 서있든 간에 그들이 현재 지니는 태도는 모두 총명하지 못한 것이고 나라에 결코 좋은 영향이 있을 수 없다.

톈진 〈대공보(大公報)〉(1937년 4월 4일)

찾아보기 (INDEX)

힘이 소모되지 않는 주의력
(Attention Minus Effort)

61

역자 후기

파리학파는 최면상태를 비정상적인 것으로 간주했고 낭시학파는 그것을 정상인에게 흔히 있을 수 있는 이상심리적 작용으로 파악했다. 그것을 (피)암시란 것으로 설명했으며 결과론으로는 모두 넓은 범위의 자기암시라 할 수 있다고 한다. 이를테면 사랑 같은 것(물론 상호작용이 되겠지만)이 되겠다. 암시와 그 실현은 우리가 주변에서 흔히 겪는 유행이란 것과 관련되는 현상이기도 하다. 그런데 유행(최면, 피암시, 상상, 모방, 동화 등 단어와 유사한 일면이 있다)이라는 그 현상의 실현이 본능과 정감의 작용을 떠나 관념으로만은 일어날 수 없는 것이라고 하였다. 정감과 본능은 프로이트와 제자들에게서 가장 설명이 상세하고 혈육과 민족, 자아본능 등을 둘러싼 소망에 의한 것이 강하다고 하였다. 심리적 에너지는 프로이트에게 리비도가 되고 넓게는 자연적 역량이 되는데 이는 쾌락원칙을 향한다고 할 수 있고 그와 반대는 현실원칙이며 사회적 역량에 의한다고 할 수 있다. 쾌락원칙과 억압은 정감과 소망이 강조되고 융에 의해서 집단(민족)적 무의식의 해석이 이루어지기도 했으며, 현실원칙은 사회·국가적 추진력이자 사회적 이성 능력을 나타내준다. 프린스는 인격분리를 가져오는 다양한 작용에 영감을 부여했으며 하나의 사회 내에도 서로 다른 정감과 관념의 구조가 각기 서로를 자각하지 않는 시스템을 이룰 수 있음이 추론된 바이기도 하다. 뷰챔프를 예로 들면 "임무는 즉…원래의 건전한 인격(진면모)을 찾아내…이미 분리된 이중 혹은 다중 인격을 종합시켜 하나의 인격으로 환원시키는 것이다"고 하였다. 그리하여 우리는 뷰챔프를 "부친과 무난한 관계가 아니었고 비록 모친의 사랑을 받기는 했지만 모친은 늘 가시가 돋쳐 있던" 민국 시기 중국인(C)의 위치에 놓고 그녀를 격동시킨 J와 프린스를 자유주의와 사회주의에 놓는 것으로 프린스 학설의 이해를 도울 수도 있다. 여기서 CI에는 미국적 의식이 묻혔고 CIV에는 소련적 의식이 묻혀 있는데, C에게 CI과 CIV는 그것의 주체가 서로를 인정하지 않는다는 점이며, CII를 C의 진면모로 보았다.

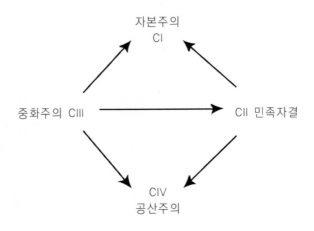

자본주의
CI

중화주의 CIII ⟶ CII 민족자결

CIV
공산주의

이 책은 『청년들에게 보내는 12통의 편지』에 이어 저자가 비교적 젊은 시기(34세) 출간한 본인의 두 번째 저작이며 프로이트주의와 이상심리학에 있어 중국에서 비교적 상세히 소개된 책이다. 얼마 뒤 저자의 박사논문인 『비극심리학』 및 칭화대학 중문과 대학원 교재로 쓰였던 『문예심리학』에도 무의식학설의 영향은 간직돼 있으며 저자는 뒷날 크로체, 쇼펜하우어, 니체 등에게서도 깊은 영향을 받았다고 자술하였다.(주광첸전집 제1권自傳,1980) 그의 비중년기의 저술인 만큼 무의식전문가분들이 보시기에 매우 심도 있게 검토되지 못한 구석도 있을 수 있는데 무의식심리학에 대한 중국의 이른 관심의 일면을 족히 나타내고 있다는 점에서 번역해 소개해드리게 되었다. 1933년 상무인서관으로 편집을 새롭게 한 『이상심리학(變態心理學)』이 재출간되기도 했으며 무의식과 잠재의식에 대한 당시 중국에서의 커다란 주목에 호응하였다. 본능과 정감은 이성간 관계에 미치는 사안일 뿐 아니라 부모와 자식 간 마음이기도 하고 민족이란 것의 내재요인이기도 하며 특히 중국에 있어서는 타민족과의 새로운 역사 관계 역시 매우 큰 관심사가 되어 있었다. 또한 그 관심이란 것이 정치, 경제, 사회문화 내지 국제 관계와도 무관하지 않음을 가정할 수 있고 이를 넓게 미루어 보면, 우리는 무의식과 잠재의식적 경험에 있어, 물종의 본성적 요인과 생활적 요인을 외면할 수 없고 나아가 역사적 요인, 공감하는 삶의 목적에 관한 요인이 모두 큰 영향을 받는다는 점을 유추할 수 있다. 물론 삶의 공간을 공유하고 있을 때에, 그 넓은 사회적 관계의 공감도 비롯될 수 있으므로, 우리에겐 반드시 그러한 삶의 관계가 우선 형성이 되어야 지구촌 내지 민족의 조화와 긍지 역시 비로소 확충될 수 있고 공유하는 가치의 공간 역시 건설할 수 있다. 이 책은 방학기간에 역자가 무의식에 대한 관심에서 번역하였으며, 민국 시기 그것이 중국 사상 및 행동주의심리학과 군중심리학에서 어떻게 중국학자에 의해 고찰될 수 있는가 『중국철학자의 정신분석학ABC』(장둥쑨著), 『사회의 심리적 기초』(판수著)와 『군중심리학』(가오줴푸著)이란 책을 통하여 독자분들께 소개해드릴 예정이다. 이번 출판을 허락하여 주신 사장님과 꼼꼼히 편집하여 주신 박은주 편집장님께 깊이 감사 드리며, 한밭대학교, 서강대학교, 칭화대학과 〈마이데일리〉의 은사님들께, 부모님께 감사의 마음을 올린다. 형과 여동생에게 마음을 덧붙인다.

2011년 3월
베이징에서 역자

저자 **주광첸**(朱光潛,1897~1986)

중국의 저명한 미학가, 문예이론가, 교육가, 번역가이다. 필명은
멍스(孟實)이며 안후이(安徽) 사람이다. 홍콩대학 교육학과를 졸
업하고 1925년 유학길에 오른 그는 영국 에든버러대학, 런던대학,
프랑스 파리대학, 스트라스부르대학에서 심리학, 철학과 문학을
공부했다. 귀국 후 칭화대학, 베이징대학, 중앙예술대학, 쓰촨대
학, 우한대학 등에서 학생을 가르쳤다. 저술로 「프로이트의 무의
식학설과 심리분석」(1921), 『청년들에게 보내는 12통의 편지』
(1929), 『무의식과 잠재의식을 연구한 학자들』(1930), 『The
Psychology of Tragedy(비극심리학)』(1933), 『아름다움을 말함』
(1934), 『문예심리학』(1936), 『시론』(1943), 『수양을 말함』(1943),
『문학을 말함』(1946) 등 다수가 있다. 평생 번역에도 정열을 기울
여 크로체, 플라톤, 레싱, 헤겔, 비코 등의 작품을 소개했다.

역자 **이용욱**(李鎔旭,1975~)

한밭대학교 중국어과를 졸업했으며 서강대학교 공공정책대학원 중
국학과에서 「개혁개방 이후 중국대중가요에 대한 연구」로 중국학
석사 학위를 받았다. 현재 칭화대학 저널리즘과 커뮤니케이션학원
에서 박사과정 중이며 〈마이데일리〉 기자이다. 번역해 소개한 책
으로 『대중음악으로 이해하는 중국』, 『중국 영상문화 연구의 길』,
『중국철학자의 정신분석학 ABC』, 『사회의 심리적 기초』가 있고,
『2011 중국의 재발견』(차이나하우스)에서 「차기국모 펑리위안: 민
족성악을 대표하는 중국의 국민가수」를 썼다.
이메일: heibao21@daum.net

무의식과 잠재의식을 연구한 학자들

초판 인쇄   2011년 7월 20일
초판 발행   2011년 7월 30일

저   자 I 주광첸
역   자 I 이용욱
펴 낸 이 I 김미화
펴 낸 곳 I **인 터 북 스**

주   소 I 서울시 은평구 대조동 221-4 우편번호 122-844
전   화 I (02)356-9903
팩   스 I (02)386-8308
전자우편 I interbooks@chol.com
등록번호 I 제311-2008-000040호

ISBN   978-89-94138-22-0   93180

값 : 20,000원

※ 파본은 교환해 드립니다.